特別支援教育における肢体不自由教育の創造と展開1

肢体不自由のある子どもの教科指導 Q&A

～「見えにくさ・とらえにくさ」をふまえた確かな実践～

筑波大学附属桐が丘特別支援学校　著

『肢体不自由のある子どもの教科指導Q&A』刊行にあたって

筑波大学附属桐が丘特別支援学校

校長 **安 藤 隆 男**

　平成19年4月、改正学校教育法が施行され、特別支援教育は本格的に始動しました。特別支援学校は、就学する児童生徒等に対して適切な教育を行うとともに、小・中学校等の要請に応じて、様々な教育的ニーズのある児童生徒等の教育に関し必要な助言・援助を行うとされました。地域における特別支援教育のセンター的機能の発揮という新たな役割が付与されたのです。

　さて、肢体不自由養護学校では、昭和40年代において脳性まひ児が児童生徒の三分の二を占めるまでになりました。肢体不自由教育は脳性まひ児の教育といわれた所以です。脳性まひは、永続的な運動障害を有するものであり、脳の病変の部位や広がりによって、知的障害、知覚障害などを随伴します。脳性まひの理解にあたって、『見える』障害(運動障害)にとらわれることなく、脳損傷に起因する『見えにくい』障害（認知面の障害）の諸特性に目を向けることが大切になります。かつて東京教育大学の橋本重治教授は、その著書『脳性まひ児の心理と教育』(金子書房)において、たとえば、ストラウスStraus,A,A,の脳損傷brain injuredの概念や、クリュックシャンクCruickshank,W.M.による脳性まひの知覚研究などをレビューし、関係者に脳性まひの理解や指導のための基礎的な知見を提供しました。当該教育の発展に大いに貢献した橋本教授は本校第二代校長を兼務され、共著者の多くが本校教諭経験者であることは特筆に値します。

　その後肢体不自由教育は、昭和54年度の養護学校教育の義務制実施により、一気に重度・重複障害児の教育に傾斜し、脳性まひの学習特性に関わる多様な学術研究、実践はあまり顧みられなくなりました。当該研究及び実践の長い空白期を経た中での特別支援教育への転換は、改めて通常学級における脳性まひなどの児童生徒の指導への関心を惹起しました。私たちは、この喫緊な課題に対して、国立大学附属の唯一の肢体不自由特別支援学校として、かつての脳性まひの研究に改めて光を当てるとともに、近年の脳科学研究の成果を踏まえた実践研究に取り組むこととしたのです。

　道半ばでの成果の公刊ではありますが、脳性まひをはじめとした多様な教育的ニーズがある児童生徒の指導の深化に貢献することを確信しております。皆様にはご一読の上、忌憚のないご意見をお寄せいただければ幸いです。

筑波大学附属桐が丘特別支援学校の研究成果を特別支援教育に生かす

(1) 特別支援教育への転換の中、見落とされがちな子どもたち

　特別支援教育が展開される中、見落とされがちな子どもたちがいます。通常学級で学ぶ肢体不自由のある子どもたちです。彼らに対しては、「学校内を車いすで移動しにくい」「短時間に着替えることが難しい」等々、周囲が気づきやすい動作面の困難に対する支援が中心となりがちです。しかし、実は、肢体不自由のある子どもたちには、視覚情報に対する「見えにくさ」や「情報処理の難しさ」といった周囲が気づきにくい認知面の困難をあわせ持つ子どもがいます。その困難になかなか気づいてもらえずに、「本人なりに頑張っている」「身体的機能の制限で、できなくても仕方がない」と判断されてしまうことがあるのです。もし、周りの大人が彼らの学びにくさに適切な手だてを講ずることができれば、彼らは、学ぶこと、わかることに喜びをおぼえ、より主体的に、意欲的に取り組み、力を発揮することができるのです。

★こんな子どもはいませんか？　～文字を書く場面で～

　「整った字を書くことができないけれど、本人も一生懸命取り組んでいるし、手を自由に動かせないから仕方がないかな。」もしかしたら、こんな子どもが抱えている困難は上肢操作以外にもあるかもしれません。

　文字を書く場合、筆記用具を正しく保持できること、指や手首を使った動作ができることに加え、次のようなことが必要となります。まず、書こうと思う位置を注視することです。次に、線の方向や位置、相互関係を考えながら手を動かすことになりますが、ここでは、動かす手のちょっと先に目を向けながら、その目の向く方に手を導き（目と手の協応）、描いた線を追視して確認しなければなりません。また、文字として書き上げるためには、文字を構成する形を弁別したり、記憶している文字の設計図を頭に描いて構成要素を取り出すこと、さらには、部分と部分（構成要素間）の空間的な位置関係を把握して書き表すことも必要です。書字が進むにつれて相互の位置関係も変化し、次第に複雑化していきますが、そのとき必要な部分だけを図として浮かび上がらせ、他の部分を地としてしりぞけることも必要になります（図と地の弁別）。

　肢体不自由の子どもには、視力に問題がないのに、視覚を十分に活用しきれていないことや、視覚認知の発達の異常により、文字の弁別や構成の認知がよくできなかったり、再生が困難であったりする子どもがいます。子どもが書字の場面で苦戦している背景には、手を動かしにくいという上肢操作の困難だけではなく、「見えにくさ・とらえにくさ」の困難も潜んでいるかもしれません。

(2) 筑波大学附属桐が丘特別支援学校の取組

　筑波大学附属桐が丘特別支援学校では、肢体不自由のある子どもの教科指導を小学部・中学部・高等部の12年間にわたり展開しています。平成18年度より、全校研究のテーマとして「センター的機能を果たす特別支援学校のあり方」を掲げ、小学校、中学校及び高等学校で学ぶ肢体不自由のある子どもの学習支援に活用できる指導内容・方法の蓄積に取り組んでいます。日々の実践の中で子どもに対して抱く日々の疑問について、心理検査の結果の検証も加えながら、実態把握及び実践の工夫を重ねてきました。今回はその成果を、「肢体不自由のある子どもの教育を担う先生方が、検査結果を通じて改めて子どもの様子を見ることでつまずきの背景にある要因に気づき、実践の工夫に生かせるヒント集」としてまとめました。

　なお、肢体不自由のある子どもに対する心理検査の実施及び解釈については十分な配慮が必要となります。その点については、巻末の「参考資料」に記しました。

(3) 本書の目的

　本書は、ちょっとした手だてがあれば理解が深まり、力を発揮できる肢体不自由のある子どもの学びを実現させたいとの思いから、特別支援学校や特別支援学級における活用はもちろん、通常学級で学ぶ肢体不自由のある子どもの指導に携わる先生を対象に、通常学級の指導で実践可能な手だてとしてご紹介できることを心がけて作成したものです。

　今回は、子どもの実態把握をする一つの手がかりとして心理検査WISC-Ⅲを取り上げました。もちろん、心理検査の結果のみで子どもが示す学習上の困難の原因を判断することはできません。実際は日常の観察やそれまでの生活経験等、様々な情報をもとに総合的に検討していくことが重要です。しかし、支援活動においては、日々の実態を把握する機会が少ない子どもに対する支援内容をその場で検討することが求め

られます。そこで、心理検査の結果を一つの客観的データとしながら、通常学級の先生方に、障害に起因する学習上の困難に気づくきっかけを提供したい、そして、学習上の困難に対する手だてや配慮に関する具体的な情報を提供したいと考え、心理検査の結果を切り口の一つとすることにしました。

⑷ 今回は、こんな子どもに対する指導の工夫をご紹介します

肢体不自由のある子どもたちに、「図や表、資料等から情報を読み取ることが苦手」「事柄の順序や要点を整理して話したり聞いたりすることが難しい」「部分と全体のつながりを把握しにくい」等の苦戦する姿が見られることはありませんか。

肢体不自由のある子どもの半数以上を占めるのが脳性まひの子どもです。WISC-Ⅲの結果で脳性まひの子どもの多くに見られる傾向として群指数の「知覚統合」や「処理速度」が「言語理解」「注意記憶」よりも低いケース（**右図：折線が示す形から以下「逆N型」と記す**）があ

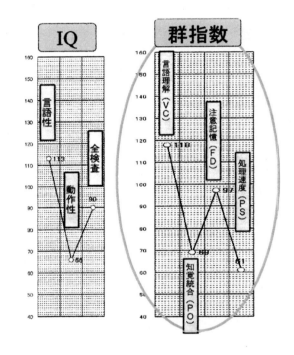

ります。このような結果を示す子どもは、学習において「聴覚的な処理、ことばの理解や操作は全般的に得意」「視覚的な処理、絵や図の理解や操作は全般的に苦手」な傾向があると考えられます。

実際の授業において子どもたちが示す学習上のつまずきは、後の「Q&A」に示したように、「読み始めがわからなかったり、文字や行を飛ばし読みしてしまう」「音読はできるが、内容を理解しにくい」「球技を行う際にラインの見極めが難しい」「立体物を作ると、制作中に作りたい形がだんだんわからなくなってしまう」など様々ですが、これらの子どもに多く見られる実態として、先述の「図や表、資料等から情報を読み取ることが苦手」「事柄の順序や要点を整理して話したり聞いたりすることが難

しい」「部分と全体のつながりを把握しにくい」等があげられます。

　このような実態に対し、支援の例として「言葉で説明を加える」「言葉で定義する」ことがあげられます。しかし、私たちが日々の実践でかかわる脳性まひの子どもたちには、「言葉の統合や構成が苦手」な様子も見られます。より効果的な指導を行うにはどのような工夫や配慮が必要なのか、本書では、脳性まひの子どもの多くに見られる傾向（「逆Ｎ型」）に対象を絞って、指導の工夫をご紹介します。

　なお、肢体不自由のある子どもの場合、上肢操作のみの困難ゆえに、この「逆Ｎ型」を示すケースもあります。本書では、肢体不自由のある子どもが抱える「見えにくさ・とらえにくさ」に焦点をあてていますが、上肢操作の困難（手を使う作業が苦手な子ども）に対する各教科における工夫についても加えてご紹介しています。

(5) 本書の使い方

　本書では、通常学級の先生方が学級内で実践できる指導の工夫であることを第一に考えました。

　各教科の指導において見られがちな子どもの姿を、各ページの「Ｑ」に示しました。まず、「Ｑ」に注目してページをめくり、「こんな姿が見られるな」と思ったページをご覧下さい。

　より手軽にお読みいただくために、各ページ一つの「Ｑ」と一つの「Ａ」で構成しました。基本的に、「子どもが困難に直面している実態」→「考えられる困難の背景」→「指導の工夫」という３段階で整理しています。

　また、巻末には索引を掲載しました。「文字の形をとらえて字を書くことが難しい」「音読の際に行飛ばしをしてしまう」「目盛りの読み取りが苦手」等、子どもの実態を示すキーワードを手がかりにページをめくっていただいても結構です。

　子どもが示す困難の状況は同じでも、個々の子どもによって背景は様々です。また、同じように見えるつまずきでも、いくつかの背景が考えられます。観察や理解のポイントとしておさえていただき、個々の子どものニーズに合った指導の工夫を図る際の参考になればと願っています。

（一木　薫）

こんな子、いませんか？

ぼくの名前はタカオ。小学校に通う5年生。ぼくは、**脳性まひ**っていう障害で、車椅子に乗っているよ。

ぼくは今、できないことを周りに手伝ってもらいながら、学校生活を送っているよ。大変なこともたくさんあるけれど、**クラスのみんなと同じように勉強も行事もがんばりたいな！**だって来年は小学校の最高学年だもん。
担任のサチコ先生も、いつも、ぼくにやさしくしてくれるんだ。

いつもありがとう、マサトくん！

タカオくん、つぎはとなりの校舎で授業だよ。車いす、押していくね！

タカオくんの様子はどうだね？サチコ先生。

はい、校長先生。タカオくんはとてもがんばりやさんです。「**いつもがんばっているわね。**」って、ほめているんですよ。

えーと、明日の時間割は、国語に算数に・・・あ、理科もあったっけ。

準備や後片付けに時間がかかっちゃって、すごくあせることもあるけれど・・・でも、できたら、ぼくは**みんなと同じがいいな。**

今までも、漢字の練習や計算ドリルには時間がかかっていたんだけれど・・・実はこの頃、こんなことがとっても多くなってきたんだ。

国語の時間

教科書を読んでいると、先生に「1行とばして読んでいるよ。よく注意して！」って毎回、指されるたびに言われちゃうんだ。

算数の時間

図形の問題は、ぼく、とっても苦手なんだ。図形を見ると、頭の中がごちゃごちゃになっちゃう。先生がとなりで、「こう、やるんだよ。あわてないで、よく見て。」って教えてくれるんだけれど、よく分からなくて。

勉強でも体育でも、行事でも、「タカオくん、よく見て。」「よく注意して」って言われるんだ。ぼくはちゃんとやろうとしているのに・・。

がんばっているつもりだけど、いっつも同じことで同じ注意を受けちゃう。まいったなあ。

もっとよく見ればいいのに。集中できないのかな。時間をかけて、じっくり取り組めばできると思うんだけど。

でも、ひょっとしたら何か工夫があるのかもしれないわ。

何か、いい方法がないのかなあ‥‥！！
→つぎのページを、ごらんください。

※ＭＰＣ「スクールイラスト集」のイラストを使用しています。

（大塚　恵）

刊行にあたって ………………………………………………………………… 3
筑波大学附属桐が丘特別支援学校の研究成果を特別支援教育に生かす　　4

1　国語の指導の工夫と配慮

国語における「見えにくさ・とらえにくさ」 ………………………… 12
国語Ｑ＆Ａ ………………………………………………………… 13〜23

2　社会の指導の工夫と配慮

社会における「見えにくさ・とらえにくさ」 ………………………… 24
社会Ｑ＆Ａ ………………………………………………………… 25〜29

3　算数・数学の指導の工夫と配慮

算数・数学における「見えにくさ・とらえにくさ」 ………………… 30
算数・数学Ｑ＆Ａ ………………………………………………… 31〜44

〜ティーブレイク１：特殊教育から特別支援教育へ〜 ……………………… 45

4　理科の指導の工夫と配慮

理科における「見えにくさ・とらえにくさ」 ………………………… 46
理科Ｑ＆Ａ ………………………………………………………… 47〜53

5　保健体育の指導の工夫と配慮

保健体育における「見えにくさ・とらえにくさ」 …………………… 54
保健体育Ｑ＆Ａ …………………………………………………… 55〜58

〜ティーブレイク２：自立活動と個別の指導計画〜 ………………………… 59

6　音楽の指導の工夫と配慮

音楽における「見えにくさ・とらえにくさ」 ………………………… 60
音楽Ｑ＆Ａ ………………………………………………………… 61〜63

目次

7. 図工・美術の指導の工夫と配慮

図工・美術における「見えにくさ・とらえにくさ」 …………… 64
図工・美術Ｑ＆Ａ …………… 65〜67

8. 技術・家庭の指導の工夫と配慮

技術・家庭における「見えにくさ・とらえにくさ」 …………… 68
技術・家庭Ｑ＆Ａ …………… 69〜76

〜ティーブレイク３：筑波大学附属桐が丘特別支援学校について〜 ………… 77

9. 英語の指導の工夫と配慮

英語における「見えにくさ・とらえにくさ」 …………… 78
英語Ｑ＆Ａ …………… 79〜85

10. 上肢操作の困難、その他に対する工夫と配慮

上肢操作の困難について …………… 86
上肢操作の困難・その他Ｑ＆Ａ …………… 87〜111

用語集 …………… 112〜115

参考資料「心理検査について」 …………… 116〜118

索引 …………… 119〜123

項目別索引 …………… 119〜121
キーワード索引 …………… 122〜123

国語

概要　国語における「見えにくさ・とらえにくさ」

(1) 国語で見られる「見えにくさ・とらえにくさ」

　国語では「見えにくさ・とらえにくさ」がある子どもの場合、「読む」「書く」の領域において、特に書字や文章理解の場面での困難が多く見られます。

　たとえば書字については、「見えにくさ・とらえにくさ」から文字の形が正確にとらえられずに、不正確な字を書いてしまうことがあります。具体的には、漢字学習などで漢字を正確にとらえられず、文字欠けやへんとつくりが逆になったり、似た漢字との区別ができていない等の点が多く見受けられることです。

　また、書字以外の「書く」場面では、ノートへの書写などにも見えにくさの影響があり、板書を正確に写せない等の困難が見られます。

　文章理解については、「見えにくさ・とらえにくさ」から、読んでいる場所を見失う、起点がわからない、文字飛ばしや行飛ばしがある、といった子どもが多く見られ、また、中学部・高等部になると、音読はできても内容理解ができないなどの子どもも見受けられます。

　「読む」「書く」いずれの学習活動も国語科では中心的な学習であり、個々の実態に応じた適切な指導を行うことが必要となります。

(2) 困難に対する指導上の配慮

　こうした「見えにくさ・とらえにくさ」に対する学習上の配慮については以下の通りです。

- 「書く」についての漢字学習の配慮については、文字の形をとらえて書くことが難しい子どもに対して、音や言葉がけなど聴覚情報からの指導が重要となります。さらに、位置関係を理解させるような順を追ってとらえさせる指導、たとえば筆順を重視して教えたり、一つの漢字を部分にわけて教えるなどの指導が有効です。
- 「読む」については、まず教材に対して見えやすさに配慮することが重要となります。具体的には、拡大・縦書き横書き・起点の明示・分割提示・文字に線を入れるなどの配慮です。

　また、音読等には問題はないが、内容理解が難しいという子どもに対しては、複数の情報や作業を一度に提示したり、行わせるのではなく、できるだけシンプルに段階を追って理解できるような配慮が必要となります。具体的には、分割提示や内容が整理しやすいプリントなどの使用です。

　これらの配慮事項については、「見えにくさ・とらえにくさ」の要因や実態は個々によって異なるので、まずは指導者がそれぞれの子どもがどのような実態があるのかを理解し、子どもの発達の段階を追って適した指導を進めることが必要となります。

（岡部盛篤）

国　語

Q1「文字の形をとらえて書くことが苦手な子どもに、どのような手だてがありますか」

キーワード
書字・漢字・位置関係・言語化

主な学習内容・場面：言語事項→平仮名、片仮名、漢字
実　　　態：文字の形をとらえて書くことが難しい
実態の背景：視覚的な情報処理の困難・位置関係の把握の困難

A：「線の長さや配置、バランスなどを音や言葉で伝えるとわかりやすくなるようです」

　視覚的な情報処理が苦手な子どもの場合、形をそのままとらえて書くことが難しいことが多いので、それぞれの線の長さや書く位置、大きさなどを言語化し、聴覚的な情報として伝えた方がわかりやすいようです。例えば、次のような声かけが考えられます。

◆たて線を書く時
　「ここから自分の方に向かって線を引いてみよう。」
　「数字の1みたいな線だよ。」

◆長い線を書く時
　「ここから長 ——————— く（その子の書くペースに合わせて、始点から終点に達するまで音をのばし続ける）書くよ。」

◆書く位置を示す時
　「（「お」や「か」の点の場合）2番のお部屋（**下の図を参照**）に書くよ。」

マスを4つに区切り、それぞれの部屋に名前をつける。

1番の お部屋	2番の お部屋
3番の お部屋	4番の お部屋

　それぞれの子どもの理解しやすい言い方で、形の特徴を伝える工夫をするとよいと思います。

（石田周子）

国語

Q2 「漢字の形をとらえて書くことが苦手な子どもに、どのような手だてがありますか」

キーワード
書字・漢字・空間における認知

主な学習内容・場面：言語事項→漢字
実　　　態：漢字の形をとらえて書くことが難しい
実態の背景：視覚的情報の処理・記憶や、位置関係の把握に困難があり、空間的、総合的に処理することが難しい

A：「漢字の組立てに必要な線の組合せや形のパターンを覚え、その数を増やし、それを利用して書けるように指導しています」

　視覚的な情報処理が苦手で漢字の形がとらえにくい子どもの場合、まずは簡単な線の組合せや形のパターンを練習し、覚えるようにします。例えば、たて線、よこ線、十字、斜線などは基本の形として押さえておくことが大切です。それから、片仮名の形は漢字に応用できることが多いので、ぜひ書けるようにしておくといいでしょう。それらを覚えたら、たいていの漢字はその組合せで書けるので、色分けなどしてこれまでに学習したパターンに分解して示すと、全体の形もつかみやすくなるようです。たとえば、次のように分けて示します。

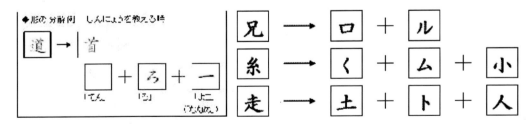

　それぞれの子どもによって、形の見え方や覚えているパターンが違うので、それに合わせて分解の仕方を工夫するとよいでしょう。

（石田周子）

国　語

Q3「漢字の形をとらえるのが苦手な子どもの学習上の工夫を教えて下さい」

キーワード
漢字・筆順・空書

主な学習内容・場面：言語事項「漢字」
実　　　態：字の形をとらえられない・漢字を読んだり書いたりすることが苦手
実態の背景：交わりの線が認識できない・一画一画や部分に注目することが苦手

A：「筆順と空書による指導をしています」

　字の形をとらえられず書くことが苦手な子どもや、一画一画を意識することができない子どもの場合、筆順を重視し、一画ずつ順を追って指導します。板書した漢字を教師がなぞるのに合わせて、子どもたちに空書させます。ここでは教師の指示と動作を手がかりにしながら、文字の一画の方向や長さ、形および筆順を学習します。空書では、斜め・回転などの複雑な動きも、腕全体を使って大きな動きの中で、一画ずつ丁寧に学ぶことができます。

　また、肢体不自由のため、動作に苦手を感じている子どもでも、空書では安心して取り組むことができます。また教師は、子どもたちの手の動きを見ながら、正しい書き順かどうかを即座に確認することもできます。

（澤田明実）

国語

Q4「文章を読んでいるときに、行を飛ばしたり、読んでいる場所がわからなくなる子どもにどのような手だてがありますか」

キーワード
音読・行飛ばし・注視・姿勢の保持

主な学習内容・場面：「読むこと」全般・「音読」
実　　態：読んでいるところを見失う・行を飛ばして読んでしまう
実態の背景：姿勢保持の困難や追視・注視の難しさ

A：「ポイントは、次の２点です」

①今読んでいるところが、見えやすく（わかりやすく）なる。
②行を飛ばしてしまったり、文を追えなくなったりした時に、今読んでいるところを探す手がかりになるものがある。

読んでいるところを強調することで、見えやすくなります。また、読んでいるうちに、不随意な動きによって体幹や視線がずれてしまうこともあります。ずれてしまった時に、修正できるような手段をもっておくとよいでしょう。

A　行ごと、または文や段落ごとに、まとまりがわかるような目印をつけておきます。
B　段落番号や傍線などの目印になるマークを付けさせておくだけでも効果的です。

さらに…
・子どもが自分で読む場所を確かめたり、わからなくなった時の手がかりにしたりすることができます。
・「教科書の左の方」など、全体との位置関係での言葉による指示では、わかりにくい場合にも有効です。

（田丸秋穂）

国 語

Q5 「音読の時に行飛ばしはもちろん、行の途中でどこを読んでいるのかわからなくなる子どもにどのような手だてがありますか」

キーワード
音読・行飛ばし・注視・姿勢保持

主な学習内容・場面：「読むこと」全般・「音読」
実　　　態：読んでいるところを見失う・行を飛ばして読んでしまう
実態の背景：姿勢保持の困難や追視・注視の困難

A：「今読んでいるところを囲むなどして強調します。視線がそれてもどこを読んでいたか注視しやすくなります」

　パワーポイントで作成し、エンターキーを1回押すと次の語句や次の行に強調個所が移動するように設定します。簡単なパソコン操作が可能であるなら、指さしなどの援助者がいなくても一人で音読ができます。

（村主光子）

国語

Q6 「読むべき個所・読んでいる個所がわからなくなる子どもに手がかりを示す工夫はありますか」

キーワード
読む・文中から見つける・図地

主な学習内容・場面：	文章理解に関する単元すべて
実　　態：	教科書やプリントで読むべき箇所が見つけられない・読んでいる個所がわからなくなる
実態の背景：	図と地の判断が困難・目で見た言葉をまとまりとしてとらえることの困難
他教科で活用できる場面：	読む活動を伴う場面

A：「読む個所・読んでいる個所をわかりやすく示します」

　たくさんの情報が同時に目の中に飛び込んできて、どこに注目したらいいのか焦点を合わせるべき個所を見つけることが難しい子どもにとって、教科書やプリントを読むことは難しい課題です。このような場合、読む個所や読んでいる個所がどこなのかをわかりやすくする工夫を図ると、注目すべき個所を自分で見つけやすくなることがあります。**写真1**は、文章の先頭に①、②、③…の番号をふったものですが、この他にも、文章の先頭にガイド線を引いたり、色鉛筆で印を付けたり、分かち書きにして読みやすくしたりする（**写真2**）などの工夫があります。また、テストでは「傍線1について…」といった問がよく用いられますが、該当個所を反転させると問に取り組みやすくなります（**写真3**）。

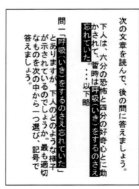

写真1　　　写真2　　　写真3

（一木　薫）

国 語

Q7「音読はできるが、内容理解ができない子どもに対する工夫や手だてはありますか」

キーワード
読む・書く・文中から見つける・内容理解

主な学習内容・場面：「読む」全般。「説明文」の理解等
実　　　態：中心語句（キーワード）に注目できない・内容が理解、整理できない
実態の背景：複数の情報を処理することの困難さ
他教科で活用できる場面：「読む」場面全般・作文の補助教材

A：「プリントや『図』などを活用して見やすくシンプルにしてみましょう」

　文章理解では音読はできても混乱して内容・心情把握ができない子どもが多く見受けられます。この場合は、まず教材をシンプルにすること（次の①～③）が大切です。

　①プリントは起点を明確にし、子どもの能力にあった分量で意味内容のまとまりごとに空白をもうけたものを作成します。

　②子どもの能力にあわせてキーワードや指示語や言い換えの部分を明確にしておきます（少々くどくてもかまいません。ヒントを出しておいたり、指示語・言い換えが書き込めるようにしても良いです）。

　③シンプルな流れ図（**図1**）でキーワードの結びつきを整理できるものがあると役立ちます。

図1

　この他にも、縦・横書きのどちらが見やすいかや、よけいな部分を見せない（プリントを二つ折りにする）などの工夫も有効です。また、流れ図はキーワードすべてを子どもに答えさせるのではなく、部分部分で答えさせるほうが前後の流れがわかりやすいようです。この流れ図を子ども同士で見せ合い、意見

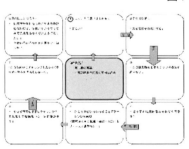
図2

交換することでも内容理解は深まります。内容理解ができたかどうかの確認は、選択肢を用いた○×問題がわかりやすいようです。また、流れ図（**図2**）は作文指導などではメモ代わりの内容整理にも使えます。

（岡部盛篤）

国　語

Q8 「作文で、書きたいことはあるのに上手に字が書けず、また、作文の途中で何を書いていたかわからなくなったりして、作文が苦手だと思っています。何か工夫はありますか」

キーワード
作文・書字・書きことば・上肢操作の困難・メモ

主な学習内容・場面：「書くこと」全般「作文」
実　　　態：書くことに時間がかかり、また想起したことを書きことばで表現することができない
実態の背景：上肢操作の困難・複数の作業を同時に行うことの難しさ

A：「書きたいことを書きことばで話させ、文章を書くこととわけた作文指導が有効です」

　上肢の障害があったり、視覚的な情報処理を苦手とする子どもたちは、1文字書くのに時間を要したり、鏡文字に気をつけたりと字を書くこと自体に多くの努力を要します。思ったことを記憶に留めておき表記する作文は、上肢障害や視覚的な情報処理の困難のある子どもたちにとっては、同時にいくつかのことを要求され負担感が大きいのです。

　そこで、書きことばで話させたことを指導者が書き取り、それを視写させます。指導者の書き取った内容も初めは全文からスタートさせ、徐々に減らしてメモ程度にしていく工夫も必要です。メモを見ただけで自分が話したことを想起し、作文する練習にもなります。将来的には、書きたいことを書きことばで話し、自分でメモをとり、そのメモを基に作文できるように指導していきましょう。

（村主光子）

国 語

Q9「設問の指示や意味がわからない子どもに対する工夫や手だてはありますか」

キーワード
読む・文中から見つける・設問理解

主な学習内容・場面：テスト等の設問に答える場面
実　　　態：設問の指示に従えない・設問の意味、意図がわからない
実態の背景：複数の情報を同時に処理することの困難さ
他教科で活用できる場面：設問指示の理解が必要な場面全般

A：「設問をシンプルにし、段階をおって複雑にしていきましょう」

子どもにおいては、テストなどの設問で、「文中から〜字以内で抜き出し、初めと終わりの〜字を抜き出しなさい（句読点を含む）」といった複数の条件がある設問では、設問の意図を理解できない、または指示に従えない場合があります。こうした場合は、まずシンプルにして設問の意図を明確にして、順番に解ける設問にしましょう。

気をつけることは以下の通りです。

①抜き出し問題は文中に線を引かせる。記号問題は○をつけさせる（○×問題も有効）。

②「間違っているものをえらびなさい」などのような逆の意味に取り違えてしまう（「正しいものを」と勘違いする）設問は、間違えないような配慮をする（色を変えて指示・声かけ等）。

③拡大や縦書き・横書きなどの子どもの見やすさを考えた工夫。

④設問の傍線や記号は、複数の線（波線・傍線・二重傍線）や複数の記号（ローマ数字と漢数字・アルファベット・カタカナ…）を使いすぎない。

もちろん、いつまでもシンプルな設問に取り組むのではなく、徐々に指示を増やしていきましょう。また、日頃から単文（1〜2行の文からスタート！）で、何がキーワードになっているかに注目させる学習をすると、複雑な設問になれることができ、文章理解にも役立ちます。

（岡部盛篤）

国語

Q10 「ノートを上手に使えない子どもが上手に書写する工夫はありますか」

キーワード
位置関係・ノート・書写の習慣

主な学習内容・場面：「書くこと」・板書事項の書写等
実　　態：ノートの冒頭から書写ができない・板書内容を正確に書写できない
実態の背景：視覚や上肢操作の問題による書写する習慣の乏しさ
他教科で活用できる場面：書写を伴うあらゆる教科等

A：「正方形マス目のノートを使い、書き出し位置に印をつけると乱れがなくなります。視写を習慣とし、書く機会を増やすことが大事です」

書き出し位置（図1）がわかれば乱れは少なくなります。書き出し位置が捉えられないことが原因のようです。無地のノートでは端がわからず、書き出し位置がページの真ん中の方に寄り、罫線があっても一行目の真ん中の方に寄ります。ただし、正方形マス目にしなくとも、罫線があるノートに印をつけることで解消する場合もあります。小学生には書くことの基本を身に付ける意味として、その子どもに書きやすいノートを使うことも大事です。

また、書く経験が少ないことが、中・高生における書写の稚拙さにつながり、誤字脱字や、文の不正確な記述が見られます。特に、文を正確に記すことは書写の習慣がないと改善は難しいと思われます。書写は、授業の一部や朝学習等で、前日までの授業や子どもが興味を示す内容を扱った短い段落を正確に書き取る（視写）活動を継続して行うことが効果的です（図2）。

中・高生になると、進路についての書類作成が行われますが、その際、必ずしも自分が書きやすい形式の書類が用意されるとは限りません。書写の習慣は大事になります。

図1

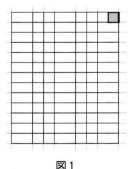

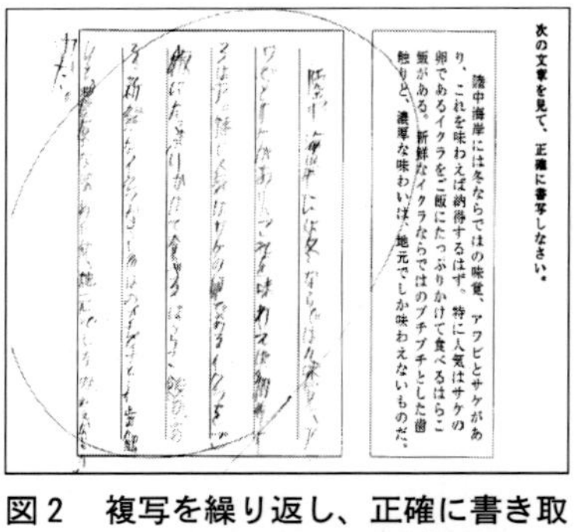

図2　複写を繰り返し、正確に書き取れるようになった生徒の用紙

（加藤隆芳）

国語

Q11「授業中のノートの取り方についての工夫はありますか」

キーワード
ノート・板書・プリント・宿題

主な学習内容・場面：板書をノートに記す場面
実　　　態：話を聞き、考えながらノートを取ることができない
実態の背景：上肢操作の問題による筆記の遅さ・複数の作業を同時に行うことの困難
他教科で活用できる場面：キーワード記入形式のプリントを活用した授業進行と宿題提示

A：「穴あきプリントを用意してはどうでしょうか」

　国語の授業では、読んでいる内容を要約して記すことが、読解力を高める一助となります。教師が板書したものをノートに取るというのが一般的な形ですが、肢体不自由のある子どもの場合、これが著しく困難になります。

　授業の話を聞きながら同時進行で、ノートを取れることが望ましいですが、これを行おうとすると、ノートを取ることだけに意識が集中してしまい、話を聞くことが疎かになってしまいがちです。また、ノートを取っている間は話を中断し、取り終わってから話を続けていこうとすると、それだけで授業の大半が費やされてしまいます。

　そこで一つの方法として、書く内容を最大限絞って、ピンポイントで筆記させることが考えられます。このためには、板書の全てをノートに取らせるのではなく、一番のポイントとなる個所のみを記述できるようにしたプリントを用意する必要があります。その一例を示しました（**写真**）。

　板書の際は、このプリントとほぼ同じ内容を記し、穴あきになっている個所は朱書きする等の工夫をすることで、よりわかりやすくなると思われます。また、このように書く内容を精選しても、まだ「書く」「聞く」の切り替えが難しいという場合は、授業の最後にまとめて書く時間を設けて、話をしている最中は一切書記をさせないということも考えられます。さらにそれでも著しく時間がかかるという場合、このプリントを宿題として活用することも一つの方法です。

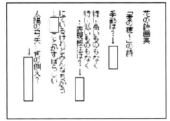

板書計画のように扱い、プリントと同様の板書を行うと、理解の定着に効果的です。

（戸谷　誠）

社 会

概要　社会における「見えにくさ・とらえにくさ」

(1) 社会科でみられる「見えにくさ・とらえにくさ」

　社会では「見えにくさ・とらえにくさ」がある子どもの場合、特に地図や統計資料の読み取り及び活用の学習において支障をきたす場合が多く見られます。

　たとえば「資料の対象個所を目で追う」という注視や追視等の基本的な見る力や、複雑な線や形から必要な部分を見分ける力が弱いという子どもは、地図や地形図を読み取り必要な情報を得ることや、統計資料を読み取り分析を行うことが苦手です。

　また、調べ学習や地域調査など校外で活動する場合、周囲の位置関係を把握しながら移動をしたり、見学した内容について記録を取ることが難しい場合があります。

　いずれの学習活動も社会科では中心的な学習であり、個々の実態に応じた指導を行うことが必要となります。

(2) 困難に対する指導上の配慮

　まず、地図の読み取り及び活用についての指導上の配慮についてですが、「見えにくさ・とらえにくさ」がある子どもの多くに有効な手だてとしては、対象の地図自体に授業者が手を加え、読み取りやすくする方法が挙げられます。たとえば地図上の線を太く濃くしたり、色の濃淡を明確につけたりすることにより、対象の部分がくっきりと読み取りやすくなります。また1枚の地図に盛り込む要素をしぼることにより、対象の部分が見分けやすくなります。

　さらに卓上用の拡大ルーペや定規を活用することにより、子ども自身が注視すべきポイントが明確にわかり学習に効果的な場合があります。ただし、拡大ルーペを使用することでかえって全体的な把握が難しくなる場合もあるので、個々の実態に応じて使用することが必要です。

　戸外学習や地域調査の指導上の配慮については、見学内容の記録の困難を補うために、目にしているものを同行した教員が言葉で言い換え定着を図る方法や、ICレコーダーを活用し記録する方法が有効です。また移動が困難で社会体験が不足しがちな子どものために、1回の活動が安全かつ充実したものとなるよう、付添者など人手の確保や移動方法、休憩場所や車いす用トイレの有無の確認など十分な準備と配慮が必要となります。

　留意点は、「見えにくさ・とらえにくさ」の実態や要因は個々によって異なるので、まずは指導者がそれぞれの子どもがどのような「見えにくさ・とらえにくさ」を抱えているのかをきちんと理解し指導を進めることが必要です。

　　　　　　　　　　　　　　　　　　　　　　　　　　　　　　　　（大塚　恵）

社 会

Q1 「見学したことをその場ですぐ理解したり、記憶したりすることが苦手な子どもには、見学時にどのような手だてが有効となりますか」

キーワード
見学・メモ・聴覚記憶

主な学習内容・場面：小学校第3・4学年、小学校第5・6学年　校外での見学
実　態：見学先でメモを取ることが難しい・どこに注目して見学すればよいかわからなくなる・見たことを覚えておくことが難しい
実態の背景：視覚的な情報処理の困難・上肢操作の困難等

A：「見学内容をその場で音声言語化し、口頭でくり返し復唱させてみてはどうですか。メモの替わりに、ICレコーダー等を使用することも効果的です」

　見学時に最も有効となる学習技能の一つとしてメモを取ることが挙げられます。メモを取ることは記憶の強化に繋がり、思考の整理にも役立ちます。しかし、肢体不自由のある子どもには、さまざまな制約がかかり、移動しながらメモを取ることが大きな負担となります。そこで、メモを取ることに替えて、聴覚記憶を意識的に活用させる方法を用いるようにします。見学内容をキーワードに置き換え、その場で声に出して言わせてみるようにします。さらにそのことをくり返し復唱させます。見た事柄を後になって思い出すことが不得意な子どもには、得意な方法で記憶させておくことが重要になります。

　この方略に加え、さらに携行可能なICレコーダー等を使用し、音声記録を取っておくことをお勧めします。聴覚記憶を得意とする子どもも、長時間そのことを記憶に留めておくことはなかなか難しいため、端的なキーワードを録音しておけば、事後の振り返りに大いに役立てることができます。録音は見学した順番に残せるので、見学内容を順次振り返ることができ、整理も行いやすくなります。インタビューを録音しておけば、後の発表資料にも使えます。

電話でインタビューしたときなどにも活用できます。言語に障害がある場合には、録音した音声をその後の発表資料にも活用することができます。

（西垣昌欣）

社 会

Q2 「視覚情報をもとに考えたり、場所の位置関係を整理したりすることを苦手とする子どもにお店調べを行わせる場合、どのような手だてが有効ですか」

キーワード
調べ学習・言語化・空間における認知・順番

主な学習内容・場面：小学校第3・4学年「地域の人々の生産や販売」
実　態：実施後に何を見てきたか答えられない・内容を断片的に思い出すばかりでまとめられない・お店の位置関係を地図に示すことができない
実態の背景：視覚的な情報処理の困難・空間における認知の困難等

A：「調べる手順は番号（順番）をつけて簡潔に整理して、出かける前にその手順を声に出して確認させてから出かけるとよいでしょう。お店においても、見たことについては必ず言語化を図り、子ども自身に言わせてみることをお勧めします。事後指導では、実施手順に沿って振り返るようにした方が効果的です」

　校外に出てお店調べを実施する場合、目的を絞り込み、何を調べればよいのかをあらかじめ子どもに明確にさせておくことが大切です。事前指導にワークシート等を用意し、見る場所（個所）や質問事項を番号順に記入しながら整理させるとよいでしょう。そして最後には、語呂合わせや言葉遊びの要素を取り入れるなどして、声に出して調べる手順を確認させてみることをお勧めします。言語化しておくと、出先でも言葉かけにより比較的容易に手順を再確認させることが可能になるからです。

　お店では、見聞きした情報の重要な部分を再度教員が言葉として拾い上げ、子どもにも言葉でなぞらせるようにします。特に視覚情報は言語化して聴覚情報に置き換えてあげる点がとても重要になります。

　学校に戻ってからは、実施手順（または時系列）に沿って調べた内容を順次一通り振り返るようにします。その方が記憶の混乱を避けやすいためです。ここで注意すべきは、不用意に略図や配置図を用いて情報整理を行わない点です。空間における認知を苦手とする子どもにとって、歩いた経路を俯瞰的に捉えることはとても難しいからです。

においや音も大切な情報となります。見る・聞くばかりではなく、他の感覚も意識的に働かせるようにすることも大切でしょう。

（西垣昌欣）

社 会

Q3「地図の読み取りが苦手な子どもには、どのような手だてが有効となりますか」

キーワード
地図の読み取り・位置関係・地図の加工・図地・注視・追視

主な学習内容・場面：・中学校地理的分野全般、高等学校「地理A」「地理B」全般
・地図の読み取り、地図を活用する単元全て
実　　　態： 地図上から対象物を読み取ることが難しい
実態の背景： 対象物の注視や追視が難しい・図と地の区別が難しい

A：「子どもの様子に応じて、読み取りやすい地図を活用してみましょう。また、授業者が地図上の要素を順々に提示していく方法も効果的です」

　見えにくさがある子どもの中には、たとえば地図上の対象を目で追うといった基本的な視覚の活用が難しかったり、複雑な形や線を弁別し位置関係を理解することが難しかったりする場合があります。

　このような場合、まず授業者が対象の地図を読み取りやすくする工夫をしてみましょう。たとえば、①地図の中の境界線、等高線、海岸線などを太くなぞる。太くなぞる場合、黒、赤、青などの明確な濃い色を使用し、隣接している部分との区別がつくようにする。②文字や記号などを地図の中ではなく、引き出し線を使用して地図の外へ記入する。このような工夫を行うことで、無加工の地図に比べ、情報が読み取り

写真は点友会（京都府）で作成している地図です。情報が読み取りやすく、使用されている色も明確でよく工夫されています。地図加工の参考になります。

やすくなります。なお、視覚障害者支援サークル点友会（京都府）で作成している弱視者用地図は、非常に読み取りやすく工夫されていますので、とても参考になります。

　また、山や川、平野などの情報を1枚の地図に盛り込まず、順々に提示していく方法があります。初めは要素を簡略化した地図を使い、理解ができたら行政区分などの情報を徐々に地図の中に増やしていくことで、子どもも段階を追って学習することができます。帝国書院（東京都千代田区）で発行しているパソコン教材ソフト「ハイマップマイスター」の活用も効果的です。

（大塚　恵）

社会

Q4「統計資料の読み取りが苦手な子どもには、どのような手だてが有効となりますか」

キーワード
統計資料の読み取り・注視・追視

主な学習内容・場面：・中学校地理的分野全般、高等学校「地理A」「地理B」全般
・統計資料の読み取り、統計資料を活用する単元全て
実　　　態：統計資料など多くの情報から形や線を見分けて対象を読み取ることが難しい
実態の背景：注視や追視が難しい・視覚的な情報処理の困難

A：「補助具を活用し、注視ポイントを明確に示すことで読み取りやすくなります」

　見えにくさがある生徒の中には、たとえば統計資料の対象の個所を目で追うといった基本的な視覚の活用が難しかったり、細かい目盛りや複雑な罫線を弁別し、位置関係を理解することが難しかったりする場合があります。

　このような場合、「注視ポイント」を明確に示すことで、本人も視点を定めやすくなり、読み取りやすくなります。たとえば、地図帳の後ろに載っている各国・地域や都道府県別のデータなどは、数値が小さく読み取りにくいのですが、必要なデータの行の下に定規を当てることで見やすくなります。

　また、近距離が拡大される卓上ルーペを使用すると、ピンポイントで細かい情報が読み取りやすくなる場合があります。たとえば、世界全図からヨーロッパやアフリカなどの地名を読み取る学習では、この卓上ルーペを使用することで、それまで子どもにはぼんやりとしか見えていなかった国の境界線や形状がくっきりと明確になり、子どもが急に生き生きとして学習に取り組むことがあり

卓上ルーペを使用して、世界全図からアフリカの国を探す学習に取り組んでいます。「ルーペを使うと、小さな国でもはっきりと読みとれるよ。」と生徒が感想を述べています。

ます。ただし、本人の見え方の状態によっては、ルーペを使用することでかえって全体像が把握しにくくなる場合もありますので、まずは眼科医の診察を受けた上で視能訓練士に相談をしてみると良いでしょう。見え方の実態に合わせて、ルーペや定規などを効率よく使用していくことで学習がしやすくなります。　　　　　　　（大塚　恵）

社 会

Q5 「世界各地の時刻や時差をわかりやすく教える工夫はありますか」

キーワード：地図の読み取り

主な学習内容・場面：中学校地理的分野　2内容(1)「世界と日本の地域構成」
　　　　　　　　　　　高等学校「地理A」 2内容(1)「現代世界の特色と地理的技能」
実　　態：地図の読み取りが難しい・情報量が多いと混乱しやすい
実態の背景：注視や追視が難しい・位置関係がわからない

A：「経線がわかりやすい地図と、アナログ時計の模型を活用しながら説明をすると理解が深まるでしょう」

　中学校の地理的分野や高等学校「地理A」の学習では、経度の違いによって地球上に生じる時差について考察し、特定の場所の時刻や2地点間の時差を計算で求める作業があります。このときの学習の導入には、経線の端に各地域の時刻が明記された世界地図がよく使用されますが、経線の端に小さく記載されているために、情報が読み取りづらい場合があります。そこで、情報を読み取りやすくするために、世界地図に記載されている時計の代わりに、時刻の学習などに使用されるアナログ時計の模型を活用してみてはいかがでしょうか。

　地球儀で時差が生じるしくみについて学習した後、特定の場所の時刻や2地点間の時差を計算で求める学習を行うときに、子どもが世界地図の経線を指で示しながら、実際にアナログ時計の針を動かしてみることで、時差についての理解が深まります。もし、時計の針を動かしたり、経線を一つずつ指差したりすることが難し

経線にマーカーを使用して太く濃くして、見やすくしています。また、アナログ時計の模型を使用し、時刻を見やすいようにしています。

い子どもがいた場合は、教員がその子の手に自らの手を添えるなどの補助が必要です。

　なお、地図上の経線については、たとえば本初子午線・日付変更線は赤、求める2地点間の経線は青、その他の経線は黒とするなどの色分けをすると見やすくなります。また、基準となる経線に付箋を貼ると、注視ポイントがわかりやすくなります。

（砂野美幸）

算数・数学

概要　算数・数学における「見えにくさ・とらえにくさ」

(1) 算数・数学科でみられる「見えにくさ・とらえにくさ」

　算数・数学では算数は4領域、数学は3領域から構成されていますが、「見えにくさ・とらえにくさ」がある子どもの場合、領域ごとに困難を整理してみると、特定の領域に困難が集中しているわけではなく、全領域にわたって困難がみられます。例えば「数と計算（数と式）」では筆算の方法はわかるが筆算の際に位がずれてしまう、「量と測定」では30°などの角を見ても大きさがとらえられない、「図形」では三角形の形が正しく書けない。「数量関係」では平面座標で指定の点をとることができないなどがあげられます。

　算数・数学は年度年度の積み重ねが必要な教科ですから、教員が系統性や順序性を押さえ、繰り返し学習などを通じて子どもの学力の定着を目指さねばなりません。そのために教員が子どもの個々の実態に応じた適切な指導を行うことが大切です。

(2) 困難に対する指導上の配慮

　こうした「見えにくさ・とらえにくさ」に対する学習上の配慮については以下のようなことなどが考えられます。

- 角度の大きさの比較ができない場合や、三角形という形を認識できない場合には、色を分けて2つを重ねる、三角形の辺をそれぞれ別の色で引いてあげるなど、「色に対する反応の良さ」を活用することです。
- 筆算で位取りがずれてしまう、平面図形の座標を読むことができない場合には、筆算用紙にマス目を入れる、数字と数字の間に縦の線を入れ書く場所をわかりやすくする、x軸とy軸を強調したグラフ用紙を用意するなど、「教材・教具の工夫」をすることです。

　これらの配慮については、個々によって困難が同じだとしても、要因が異なり、手だてや配慮の方法も変わってきます。実際に検討して授業をした結果どうだったのか、うまくいくにこしたことはありませんが、駄目だった場合には、どうして駄目だったのか、またどうやったらうまくいくのかを改めて考え直すことが大切になります。また教員の手を離れて教具を自分で使いこなすこと、教材の工夫をなくしていくことができることにこしたことはありません。教具・教材を使って、その時はうまくできたとしても、先を見据えながら、その後につながっていくように指導する必要があります。

（類瀬健二）

算数・数学

Q1 「見えにくさがあり、1対1対応で数を数えていくことが難しいのですが、数え方の工夫はありますか」

キーワード
1対1対応・数える・数概念

主な学習内容・場面：小学校第1学年（「数と計算」）
実　　　態：見えにくさがあり数が数えられない
実態の背景：視覚的な情報処理の困難
他教科で活用できる場面：数を数える場面

A：「数えるためのマスを作り、黒地に白文字にすることでわかりやすくなります」

- 白黒を反転させたマスを準備します。
- マスとコインを1対1で対応させることで数を数えます。
- 10枚ずつのコインを並べ、1枚ずつマスに移動します。
- 地の色と線の色を反転させることで、見えやすくします。

※コインを並べる時に列が曲がってしまったり、白地のマスを使ってもマスの位置が意識できず、並べられなかったりして数えることに困難が生じることがあります。

※見える範囲が狭かったり、ゴールがはっきりとわからなかったりする時には、周囲の色と区別することでわかりやすくなります。

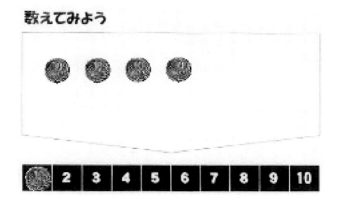

（向山勝郎）

算数・数学

Q2「10進法がなかなか理解されず、位取りがわからない子にどのような指導をしていけばよいですか」

キーワード
数概念・位取り・10進法・集合数

主な学習内容・場面：小学校第1〜4学年「数と計算」数概念
　　　　　　　　　単元「100までの数」「1000までの数」「大きな数」等
実　　　　態：視覚的な情報処理の困難・聴覚優位
実態の背景：集合数概念の形成

A：「数唱から漢数字に表現させることで、位取りを理解させ、10進法概念の形成を指導することができます」

1．〔指導の流れ〕　「数唱→漢数字→位取り→10進法理解へ」

① 数　　　唱　　→サンビャクニジュウイチ→サンビャクニジュウニ→サンビャクニジュウサン→サンビャクニジュウヨン→サンビャクニツウゴ→
② 数字＝数詞　　３２４　＝　さんびゃくにじゅうよん
③ 漢数字表記　　３２４　＝　三百　二十　四
④ 位　取　り　　　　　　　　百が３つ、十が２つ、一が４つ
⑤ 数唱等の習熟　(1)10,20,30,40,50,60,　… …　(2)100,200,300,400,500 … …
　　　　　　　　(3)1000,2000,3000,4000,5000……　(4)一、十、百、千、万……　等
⑥10進法概念形成　(1)九の次が十、　九十の次が百、　九百の次が千……
※位取り器の活用　(2) 9→10、99→100、999→1000、9999→10000

2．〔認知特性から〕

・聴覚優位で、数詞・数唱が得意・位取りや集合数の概念が視覚的に形成されにくい

　10のかたまり、100のかたまり等を視覚的に把握しにくい傾向があり、集合数の概念形成が苦手ですが、数詞を覚え、数唱を基に数えることは得意です。また、言葉（音声）のきまりとして数詞をとらえているので、数字を読むことは容易です。そこで、位取りに合致した漢数字表記にすることで数詞と位取りの対応を理解させ、集合数の概念を引き出します。

開発教材「位取り器」
※位取り器の活用
● 数字の読み方の練習・漢数字から数字への変換
● 数唱　10とび、100とび、1000とびの練習
● 10進法の概念形成

（佐藤孝二）

算数・数学

Q3 「筆算の方法は理解できていますが、実際に筆算をすると位がずれてしまう子どもへの対応を教えてください」

キーワード
筆算・計算・位取り

主な学習内容・場面：小学校第2〜4学年「数と計算」
単　　　元：筆算全般
実　　　態：筆算の方法は理解しているようだが、実際に筆算をすると位がずれてしまう・筆算の仕方が定着しない
実態の背景：視覚的な情報処理が困難・聴覚優位

A：「マス目の入った用紙を使用したり、位取りがしやすいように縦の線を引かせて筆算をさせると位がずれなくなってきます」

「また、なかなか筆算の仕方が定着できなかったり、たくさんのドリル活動を通しての計算技能の習熟が困難な子どもには、虫食い算（**写真参照**）を繰り返し練習することで、定着と習熟を図ることができます。」

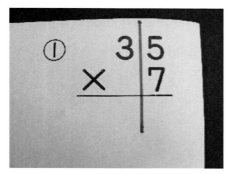

筆算補助線

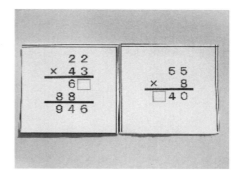

筆算虫食い演習

　筆算方法は理解しているようですが、実際に筆算をすると位がずれていってしまう子どもは、視覚情報の処理が困難であるということがうかがえます。実際には、筆算用紙にマス目を入れたり、数字と数字の間に縦の線を入れて、書く場所をわかりやすくさせる方法があります。

　また、たくさんの量を計算することが困難な子どもは、虫食い算のカードを作り、あいているところの数字を答えさせるという方法があります。

（和田怜子）

算数・数学

Q4「ノートに筆算問題を写すとき、書き始めや配置が上手にいきません。白い紙だと筆算の位取りが、ずれてしまいます。何か工夫はありますか」

キーワード
筆算・位取り・ノート

主な学習内容・場面：・数と計算、整数・小数の四則計算
　　　　　　　　　　・計算問題をノートに書き写して解答するとき
実　　　態：ノートの書き始め、配置ができない・筆算の位取りができない
実態の背景：視覚的な情報処理の困難・運動障害（上肢操作の困難）
他教科で活用できる場面：文章題の計算を余白に行うときなどにもこのシートを活用できます

A：「図のような筆算シートを用いてみましょう」

1本の線が入っていることがポイントです。目安となり式の書き始めの位置がつかみやすいです（**図1・2**）。この1本線を基準に、同じシートで割り算の筆算も可能です。

問題を自分で記入しやすく、マス目があるため位取りもしやすいです。

斜めなどがわかりにくい場合は、マスの色を変えるなどの工夫もしてみましょう（**図3・4**）。また、パソコンの↑↓→←キーのみでカーソルを移動できるように設定すれば、書字困難な子どもにも活用できます。

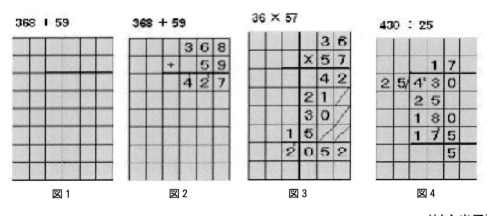

図1　　　図2　　　図3　　　図4

（村主光子）

算数・数学

Q5 「長さの指導で、子どもがなかなか実際の長さを実感できません。どう指導したらよいでしょうか」

キーワード
量と測定・長さの実感

主な学習内容・場面：小学校第3学年（量と測定）
　　　　　　　　　・計算問題をノートに書き写して解答するとき
実　　　態：長さの足し算や引き算の計算はできるが、実際のmm、cm、mの長さが実感できない
実態の背景：・日常生活で見慣れている事物を長さで言い表したり、聞いたりする経験が不足している
　　　　　　・日常生活の活動や遊びの中で、事物の長短や比較経験から長さとして抽象する力が弱い
他教科で活用できる場面：長さについておおよその見当をつける場面。理科の場面では、「ヘチマの観察記録」をつける際、「何センチぐらいのびたか？」など。社会科の場面では、「寒い地方の暮らし」の学習時、教科書に「雪が2メートル積もる。」という記述に対して、「教室の床から天井ぐらいの高さ。」と理解させる。

A：「長さを示す身体の一部とものさしを直接比較し、長さを実感させます」

- 1mmは、おおよそ鉛筆の先ぐらいの長さ。
- 1cmは、おおよそ子どもの指幅（第一関節）の長さ。
- 10cmは、おおよそ子どもの手を広げたときの親指と小指の間の長さ。
- 30cmは、おおよそ子どもが「小さく前にならえ！」をしたときの両手の手のひら間の長さ。
- 1mは、おおよそ子どもが両手を広げたときの長さ。

　その他に、長さを実感しやすいものに自分の靴のサイズ、身長などが利用できます。
（注）上記の表記中の子どもとは、小3児童を想定しています。

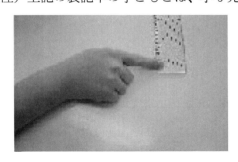 

（石川紀宏）

算数・数学

Q6「目盛りの位置は見えていても、数直線やものさしの目盛りが読めません。1目盛りがいくつか尋ねてもピンとこないようです。何か工夫はありますか」

キーワード
数直線・目盛りを読む・10等分・100等分

主な学習内容・場面：数と計算　数直線の目盛り（整数と小数）長さ（cm、m）等
実　　態：知覚統合や同時処理の不得意
困　　難：視覚的な情報処理の困難

A：「目盛りをどんな順番で見ればよいのか、その手順に従って練習してみましょう」

その際、10等分した1目盛りを出すときに、まず真ん中の目盛りを手がかりにするとわかりやすい子どもが多いようです。シンプルな問題から初め、いろいろな問題に挑戦してみましょう。目盛りの見え方に困難があると、分数や数直線、割合・百分率、グラフ等の理解にも影響を及ぼす可能性があります。

手順「目盛りを読もう」
① はしとはし（の目盛り）を読む
② 真ん中（の目盛り）は？
③ 1目盛りは？
④ だから、問題の目盛りは…

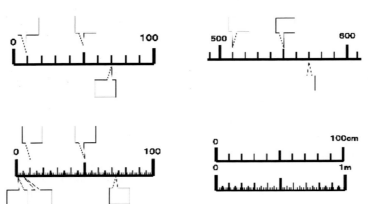

（村主光子）

算数・数学

Q7 「角度（30°、45°、60°など）の大きさがとらえられない子どもがいます。どのように指導したらよいでしょうか」

キーワード
角度・角の大きさの見積もり・実感

主な学習内容・場面：量と測定（小学校第4学年、角の大きさの理解と測定→角度）いろいろな角度の角の大きさを見当をつけて捉える

実　　　　態：いろいろな角度の角の大きさを見当をつけて捉えることを教科書の方法で学習すると、なかなか習得できなかったり、時間がかかったりする脳性まひの子どもが多い

実態の背景：斜め線に対する認知の困難、肢体不自由による経験不足から量感を育てることの困難

他教科で活用できる場面：理科→物理（重力の分解）

A：「角の見積もりが難しい脳性まひの子どもは少なくありません。まず、30°、45°、60°の角が、10個描かれているプリントを三種類用意します。子どもに、1枚目のプリントの最初の角の角度を分度器で測らせ、その値を角の中に記入させます。その角度であることをよく確認させて、色鉛筆で角の弧の内部をしっかり塗りつぶします」

色鉛筆の色は、子どもに好きな色を選ばせますが、角ごとに色を変えます。色を変える理由は二つあります。自分で好きな色を考えること、色を変えることで子どもが飽きないようにするためと、1枚のプリントが終わったとき見た目がきれいなので子どもが楽しくなるからです。

これを、10個の角を順に行い、3枚のプリント全てにも行います。これで、多くの子どもは、30°、45°、60°などの角の大きさが捉えられるようになります。これでも量感が不十分な子どもは、もう1セット繰り返して学習します。

120°以上は、90°までの角をマスターしてから、同じ方法で行うとよいでしょう。

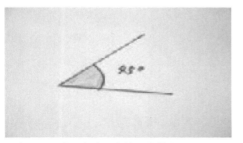

児童が、45度の角度に直線が交差するところに弧を書き込み、弧の中を赤い色に塗り、「45」°と角度を書き入れます。

（井上和美）

算数・数学

Q8「角度を測ることが苦手な子どもへの対応を教えてください」

キーワード
角度・分度器・定規・目盛りを読む・図と地

主な学習内容・場面：小学校第4学年「量と測定」
実　　　　態：通常の分度器を使用すると、目盛りを読み取ることができない
実態の背景：目盛りが多く、左右両方からの角度が表示されているため、読みとりに難しさがみられる
他教科で活用できる場面：理科や社会（方角や方向を知る時）

A：「分度器に表示する情報を少なくすると読み取りやすくなります」

　視力には問題がない子どもでも、図と地を読み取ることが難しかったり、全体と部分の関係の把握が難しかったりすることから、通常の分度器を使うことが難しい子どもがいます。そこで、分度器に表示する目盛りを減らし、片辺からのみの角度を表示することにより、読みやすくします（**写真1**）。

　また、決まった角度を確認できる定規を利用すると測れます。図形の角度が測りにくい子どもは、視覚情報の処理が困難であるといえます。

　決まった角度を確認できる定規を作成し、それを角にあてて判別させます。

　図形領域「三角形」の、二等辺三角形や正三角形の弁別で使用しました（**写真2**）。

〔作り方〕（写真2）

　市販のクリアファイルを切り取り、油性マジックで角度を書きこみます。クリアファイルは、かた過ぎず、薄過ぎないものをおすすめします（書類を挟みこむようなファイルが市販されていますので、それを使用しました）。

写真1

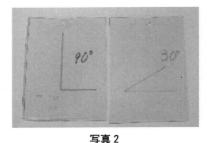

写真2

（松尾志保・和田怜子）

算数・数学

Q9 「定規のミリメートルの目盛りを正しく数えられません。どうしたら正確に数えられるでしょうか」

キーワード
目盛りを読む・位置関係

主な学習内容・場面：小学校第2学年（量と測定）
実　　　態：目盛りが読めない・位置関係がわかりにくい
実態の背景：視覚的な情報処理の困難
他教科で活用できる場面：定規などを使用する場面

A：「鉛筆の芯の先等で数える点をはっきりさせると数えやすくなります」

　脳性まひの子どもの中には、背景と描かれた目盛りを区別すること（図と地の分化）が不得意な子どもがいます。見えていないわけではなく、はっきりと捉えられていないことが原因ですので、鉛筆の芯などで数える位置を確認しやすいようにして、端から一つ一つ数えていくと、ミリメートルの目盛り等でもほとんどの子どもは正確に数えることができます。

　ただし、視覚的な情報処理の困難が著しい（目の機能には問題がないのに対象の形などを正確に捉えられない障害）子どもの場合は、この方法でも読めないことがあります。そのときは、弱視児用の白黒が反転した定規を使うと読めるようになる場合があります。

（井上和美）

算数・数学

Q10「定規を使って斜線を引くことが難しいのですが、どのような工夫がありますか」

キーワード
斜め・斜線・描く・定規

主な学習内容・場面：量と測定（小学校第2学年、長さ、三角形と四角形）
　　　　　　　　　　　数量関係（中学校第1学年、「座標の意味を理解すること」）
　　　　　　　　　　　点の座標を読み取ったり、書いたりする
実　　態：横、縦の認識および描線ができ、斜線は縦横とは異なるという認識を持つものの、実際に描線することはできない
実態の背景：描線の始点と終点を脳内で意識できない（実際にプロットして視覚的に定まると負担が減衰する）・運動的に斜め移動は縦横の移動よりも苦手

A：「斜め具合を視覚的な認識から数量的認識へと変換します」

　肢体不自由のある子どもの中には斜めの線を捉えにくいケースが多いようです。その要因が視覚的な情報処理の困難にあるとしても、様々なことが考えられます。いずれにせよ、斜めの感覚を目からの入力だけではなく、格子状のマス目を利用し、傾きの程度を具体的な数字（X、Y）として把握すると理解しやすいようです。

　つまり、原点からの位置をX軸の正の方向に何マス、Y軸の正の方向に何マス移動するというように、視覚的認識から数量的認識へと変換すると理解の助けとなり、実際に作図する上でも有効な手がかりとなるようです。

　また、比較的重くて大きめの、かつ厚みがある定規を使用すると、安定して測りやすく、作図もしやすいようです。

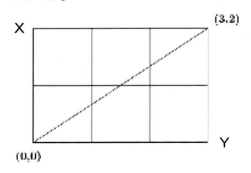

（越田益人）

算数・数学

Q11 「三角形の形が正しく描けず、丸くなったり、四角くなってしまう子どもがいます。どのような指導が有効でしょうか」

キーワード
三角形・描く

主な学習内容・場面：図形（小学校第2学年、三角形→三角形を描く）
　　　　　　　　　　斜めの辺の角度や三辺の位置を正確に捉えて三角形を描く
実　　　態：三角形を描こうとすると、丸みの付いた形や四角形のような形になってしまう
実態の背景：視覚的な情報処理が困難だと、斜めの線の位置や角度が正確に捉えられず、斜めの線を描くときに垂直方向や水平方向にひかれてしまう　・三角形には斜めの線が2本あるため、描くときに2本の斜めの線が垂直方向や水平方向にひかれてしまう
他教科で活用できる場面：図工美術科→デザイン（三角形のあるデザイン）等

A：「三角形の三つの辺を赤、青、黄の三色ではっきり描いた図を用意します。子どもに、三角形の辺をよく見ながら辺の上を指でしっかりなぞらせます。これを数回繰り返します。そして、三つの頂点のみを描いたプリント（1枚のプリントに三つの頂点のセットを数セットのせる）と赤、青、黄の三色の色鉛筆やマジックを用意します。子どもに、先程の三角形の図を見ながら、モデルと同じように三色の色鉛筆かマジックで二つの頂点の間を直線で結ばせ、三辺を描かせます。多くの子どもは、これを何回か繰り返すと三角形の形が描けるようになります」

これでも三角形が描けない子どもの場合は、重度の視覚的な情報処理に障害を有しています。そのときは、赤、青、黄の三色の色粘土と2枚の粘土板を用意します。教師が子どもの前で色粘土を棒の形にし、それを使って粘土板に大き目の三角形を作って見本とします。その後は、この見本と色粘土、粘土板を使ってプリントと同様の作業をさせます。その

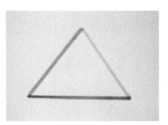

認知しやすい赤、青、黄色の三色でくっきりとした三角形を描きます。

際、注意力、集中力を増すために、子どもが自分で色粘土を棒の形にします。それを何回も行った後に、先程のプリントと三色による三角形の学習を行うと多くの子どもが描けるようになります。

（井上和美）

算数・数学

Q12「二次関数の曲線を描くことができないのですが、何かよい評価方法はないでしょうか」

キーワード
2次関数・描く・グラフ

主な学習内容・場面：数量関係（中学校第3学年、「関数」）
実　　態：頂点が角となり、直線的に描く。ちょうどよい整数で表される交点の座標を意識しない
実態の背景：曲線の意識を持ちにくい。グラフの見当をつけて、暗算をすることが苦手

A：「2次関数は最低限3点が決まれば決定します。ですから途中の曲線具合が外れていても3点が明確であれば可とします」

さらに進んで、頂点を中央にして5点を決定することができれば相当に正確な2次関数を描くことができます。

また、x切片・y切片があれば、それらが明確であることも大切な要因です。

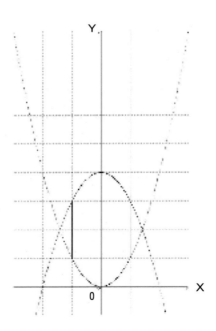

（越田益人）

算数・数学

Q13 「座標の点をとる際、1つ目の座標は見つけられますが、2つ目以降の点をとることができない子どもへの工夫を教えてください」

キーワード
座標・グラフ・座標軸・原点

主な学習内容・場面：数量関係（中学校第1学年、「座標の意味を理解すること」）
　　　　　　　　　　点の座標を読み取ったり、かいたりする
実　　　態：数直線の読み取りやかきとりはでき、座標（x軸、y軸、原点など）については理解できているが、座標の読み取りやかきとりになると、できなくなってしまう
実態の背景：単調な線の繰り返しの場合、見分けがつけにくく、原点を見つけられない
他の教科で活用できる場面：棒グラフや折れ線グラフなどの資料の読み取り

A：「言葉やx軸・y軸の強調による定着をはかる」

　2つ目以降の座標がわからない場合、原因の1つとして、1つ目の座標をとった後に中心Oに戻れず1つ目の座標から数えている場合などが考えられます。座標をもとめる際に「横、縦、打つ、戻る」と要点となる言葉をリズムで憶えさせるとよいでしょう。

　また、同じ点の繰り返しだと原点が見つけられない、原点から数え始めることが定着しない場合、**右記**のような、x軸、y軸を強調したグラフ用紙を用意してあげると、ヒントとなって自主的に座標をとることができます。何回も繰り返していくと通常のグラフ用紙で取り組んでいくことも可能な場合があります。また原点を見つけることができない場合や座標を導入する段階でも利用することができます。

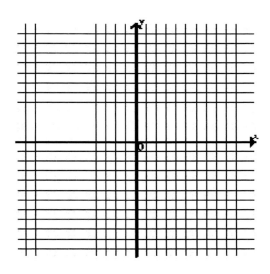

（類瀬健二）

算数・数学

Q14「直線のグラフの傾きを読み取ることが苦手な子どもに、どのような工夫がありますか」

キーワード
方向・位置関係・グラフ

主な学習内容・場面:「一次関数のグラフ」
実　　　態:グラフの傾きをとらえるときに、上下・左右のどちらの方向に向かうのかわからなくなったり、縦・横の位置関係がわからなくなったりして、混乱してしまう
実態の背景:始点と終点が認識できていない
　　　　　　　方向と数量を複合操作させていることも混乱をまねいている

A:「視覚的な情報量を調整・整理します」

　直線の傾きがうまく捉えられない場合、方眼に沿って付箋紙をあて、不必要な部分をかくして見えなくすると効果的です。目から入る情報を整理できます。さらに、**写真**のように数字を書き込むと、基点がはっきりして数えやすくなります。

　小さい座標平面にいくつもの直線がかかれている図は、混乱しやすいものです。一度に提示する問題の量を調整するか、やむを得ず複数の直線をかくときには色別にすると有効です。

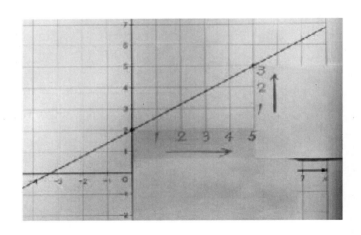

（木村理恵）

ティーブレイク 1

特殊教育から特別支援教育へ

　我が国の障害児教育における課題としては、障害の重度・重複化、多様化、卒業後の進路、通常の学級に在籍する発達障害を有する子どもたちへの対応といったことが挙げられてきました。また、障害児・者を取り巻く社会環境の変化として、早期教育の要望の高まり、ノーマライゼーションの進展などもうたわれてきました。そうした中、平成17年12月8日に中央教育審議会より出された「特別支援教育を推進するための制度の在り方について（答申）」の提言等を踏まえ、学校教育法等の改正を行い、平成19年4月1日より特別支援教育が実施されています。

～制度改正された点は～

①従来の盲学校・聾学校・養護学校の制度から特別支援学校という制度に転換し、これまで培ってきた専門的な知識や技能を生かしながら障害種にとらわれない様々な障害種に対応することが求められるようになりました。さらに特別支援学校は、地域の小・中学校等への支援を重視するため、地域の特別支援教育のセンター的役割を担っています。また特殊学級という名称も特別支援学級に改正され、特別支援教育においても、障害の比較的軽い子どものために小・中学校に障害の種別ごとに設置されています。

②学校教育法施行規則第73条の21の改正にともない、通級の指導においては、LD（学習障害）、注意欠陥／多動性障害（ADHD）が対象になりました。

～主な体制の整備と必要な取組み～

①校内委員会の設置　②実態把握　③特別支援教育コーディネーターの指名　④「個別の教育支援計画」の策定と活用　⑤「個別の指導計画」の作成　⑥教員の専門性の向上　等

　詳しくは、文部科学省の平成19年4月1日「特別支援教育の推進について（通知）」（19文科初第125号）をご覧ください。文部科学省のホームページより入手できます。

（北川貴章）

理 科

概要　理科における「見えにくさ・とらえにくさ」

　理科では非常に多くの場面で、「見えにくさ・とらえにくさ」に苦戦する様子がうかがえます。例えば、教科書や補助資料等、一般的な教材を使って説明を行う際には、資料にある文字の大きさや量（補助説明の文字が小さく、かつ、密集している）、図などの位置関係（説明文と図の位置が離れている）等によって、説明している文章や図を見つけることができない、見つけるのに時間がかかり、説明を聞きそびれてしまうといったことが起こりがちです。ちょっとしたことではありますが、説明を行う際には、図や表、説明文などが資料のどの辺りにあるのかを言語的に指示し、必要に応じて、行に沿って定規を当てさせたり、色線を引かせたりして、そのとき説明している場所をわかりやすくすることが大切です。

　また、グラフや表を使った説明にも注意が必要です。「見えにくさ・とらえにくさ」のある子どもたちにとって、同じような模様の並ぶグラフや表、天気図などは、自分の見ている場所がわからなくなってしまう等の理由から、とても見にくいものです。また、斜め線をとらえることが苦手な子どもが多いので、グラフを追っていくことにも非常に時間がかかります。さらに、同様の理由から、実験における計測機器の示度読み取りには非常に多くの時間を必要とします。グラフや表などを使う時にはマス目を拡大したり、不要な目盛り線を減らしたり、線種や色を変更したりしたものを用意すると、楽に読み取れるようになることが多いです。また、示度の読み取りに関しては、針や液面の位置に近い、目印になる目盛りを確認させ、そこを基準に読み取らせると確認しやすくなります。観察等にも共通することですが、子どもがどこに注目すればよいのかを、わかりやすく言葉で伝えることが大切です。それでも示度の読み取りができない子がいた場合、大きな平面図などで示し、実物を代替してあげると読み取れることもあります。

　理科において最も苦手なのは、電気や天体など立体図や空間図をつかった説明、位置関係の把握です。立体図内の上下左右が判断できない、遠近法的な表現での長さの比較ができない等といった困難が顕著に見られます。こうした子どもたちの多くは、実物の空間把握や方向把握等も苦手な場合が多く、実験装置全体の位置関係を把握し難いなどといった状況が見られます。ただ、実物を使った場合には、位置関係なども動かしながら平面的に確認できることがあり、確認のポイントを得ていくことで理解につながる場合もあります。立体図を使う場合には実物との比較や、平面的な確認を行えるようなアニメーションによる提示などを行うとわかりやすくなります。　　　（齋藤　豊）

理 科

Q1「顕微鏡での観察が難しい子どもに対する工夫はありますか」

キーワード
観察・顕微鏡

主な学習内容・場面：・第2分野「植物の世界」「動物の世界」「生物の細胞とふえ方」「自然と人間」
・「植物のからだのしくみ」、「動物のからだのしくみ」
・「細胞の世界」、「生物の子孫の残し方」、「自然のなかの生物」
など、顕微鏡を使った観察をおこなう授業
実　　態：手の巧緻性で機械操作が難しい・車いすのままでは操作や観察がしにくい
実態の背景：プレパラートづくりや顕微鏡の操作がうまくできない
　　　　　　　車いすに座ったままでは、顕微鏡の操作や観察が難しい
他教科で活用できる場面：この装置ではなくビデオカメラで、テレビに映すようにすれば教科書の
　　　　　　　　　　　　小さくて見えにくい写真や図表をテレビに大きく映すことができる

A：「顕微鏡テレビ装置を使うと観察しやすくなります」

　テレビの画面に顕微鏡で見ようとするものが映し出されます。顕微鏡の操作は教員が行うことになりますが、映っている標本の上下左右の動きはそのままなのでリアルで、しかもカラーで画面が大きく、対象物を落ち着いて観察できます。また、車いすに座ったままで観察することができます。この装置は、顕微鏡で見える視野をテレビ装置に映して、多人数で同時に観察、学習するときにも用いることができます（**写真は中村理科工業㈱製、顕微鏡テレビ装置IK－940N**）。

　また、USBによる接続でパソコンへ画像を取り込み、いろいろな編集も可能な顕微鏡デジタルシステムを使って、プロジェクターに大きく映し出すものもあります。

（青山正人）

理科

Q2 「目には見えない化学反応の仕組みをイメージさせる工夫はありますか」

キーワード
化学反応・電気分解・イメージ・フラッシュアニメ

主な学習内容・場面：中学校理科第1分野、高校理科総合A、高校化学（化学反応）
実　　　態：電気分解などの化学反応の仕組みを具体的に目で見るようにはイメージできない
実態の背景：目では見えない化学変化の現象と仕組みは、化学式や記号の羅列では具体的な時系列によるイメージがわいてこない。・視覚情報処理が困難であるとなおさらである
他教科で活用できる場面：目には見えないミクロやマクロの世界をイメージさせる場面

A：「フラッシュアニメを使い動画仕立ての教材を作成すると大変わかりやすくなります」

　フラッシュを利用したアニメーションは目に見えない部分をアニメで表示し、時間とともに変化していく化学反応の様子を目の当たりに見せることができます。塩化銅水溶液の電気分解などの実験では時間とともに水溶液の色が薄くなり、陽極に塩素が発生し、陰極に銅が析出する様子を観察することができますが、実際に水溶液中で称している化学反応の仕組みそのものを見ることができません。ところが、アニメーションを使用してミクロな部分をマクロ化すると電気分解の仕組みを時間軸で観察することができるので、子どもはイメージが大変わきやすくなります。また静的なイラストや実際の実験と異なって、重要なポイントが強調され視覚処理中に混乱を招く背景や部分を切り捨てることができるので大変有効な教材になります。

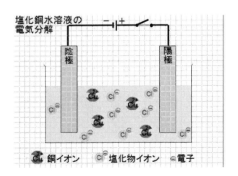

（原　義人）

Q3「光の反射、屈折等の図の把握、作図等が困難な子どもに対する工夫や手だてはありますか」

キーワード
光・反射・屈折・作図・フラッシュアニメ

主な学習内容・場面：中学校理科第1分野（音と光）
実　　　態：光の反射や屈折の原理が通常の全体図からでは把握しづらい。この分野は光線の道筋の作図が必要だが、手の不自由があると作図が困難で光の行方や像を描けない
実態の背景：光線の道筋は実験的にも始点、経路、終点が目では確認できない
　　　　　　・作図が困難であると、光の経路を順を追って、把握することが困難となる
他教科で活用できる場面：時間とともに場面が変化する事項一般

A：「フラッシュアニメを使い動画仕立ての教材を作成すると効果的です」

　光の屈折は全体図で示されることが多く、全体構成や位置関係の把握が困難な子どもには難しい課題です。またスクリーンに映る像を作図することは上肢機能が不自由であると正確な描画が困難になります。このような場合、フラッシュを利用したアニメーションで全体図をいくつかの部分図に分解し、各図を動画でつなぐことで教材を作ります。動画を利用することで、全体図の把握やそれに伴う一括処理が困難な子どもが、部分的または逐次的な処理による把握が可能となり、大変理解しやすいものとなるのです。また、アニメーションは、写真や実際の実験と異なって、視覚処理中に混乱を招く背景や部分を切り捨てることで重要なポイントを強調できます。さらに、アニメーションにキャラクターや音声を使用すると、子どもが親近感を覚え、興味・関心を示しやすい教材となります。

　これらのアニメ動画を繰り返し視聴することによって凸レンズの屈折の作図のイメージが次第に形成されるので、手による実際の作図の代替手段の一つになります。

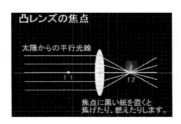
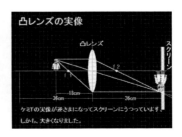

（原　義人）

理　科

Q4「表の数値等を読み取るのが苦手な子どもへの工夫はありますか」

キーワード
表の読み取り・どこを見ているかわからない・注視

主な学習内容・場面：理科全般、表からの数値読み取り、表を用いた実験・観察結果のまとめ・内容のまとめ等
実　　　態：表の読み取りに時間がかかる・どこを見ているのかわからなくなる
実態の背景：表の数値等を読み取れず、数値や文字などを探すのに時間がかかってしまう

A：「表枠の色や線種を工夫すると見やすくなります」

　教科書を読むときなどに行飛ばしや文字飛ばしが見られるような子どもにとって、同じようなパターンが並ぶ表はとても見にくいです。どこを見て良いのか、どこを見ていたか等、わからくなってしまう難しさがみられます。わずか数行×数列の表であってもわからなくなってしまう場合もあります。

　時間があれば、指でなぞる、定規等を当てるなどの自助手段で、目的の数値や文字列を見つけることが可能な場合もあります。ただし、周囲のペースから遅れ、次の説明を聞くことができないなどのつまずきの原因になりがちです。

　そんな時にはプリントや記録用紙などの表を一工夫すると、とても読み取り（書き込み）やすくなります。特に線の色分けは有効な場合が多いです。

　「○○について、○○のところ、つまり赤い線の上を見てください」のようにするとスムーズに指示が通ることが多いです。しかし、縦線と横線、双方に色をつけるとやはりゴチャとした感じになってしまいがちです。そんな時は行（または列）に網かけをしたり、線種を変えたりすることで対応するのも一つの手です。

　また、教科書や既存の別資料などにある表を使う場合には、説明の前に、教員が色ペンで色づけをしておく、自分でできる場合には指示しておくことも有効です。

（齋藤　豊）

理 科

Q5「立体図の把握が苦手な子どもに方向を考えさせる工夫はありますか」

キーワード
方向・空間における認知・立体を捉える手がかり・実物との比較・基準

主な学習内容・場面：中学校理科第1分野「電流とその利用」イ．電流の利用(イ)磁石・コイル・電流
　　　　　　　　　　太陽の位置　天体同士の位置関係　3次元、空間的な把握が必要な場面での補助
実　　　態：立体図の把握が難しい・上下左右手前奥の判断が困難・斜め線や角度を捉えにくい
実態の背景：図の示している内容がつかめない・立体図内の方向が読み取れない

A：「実物と図の違いを判断する基準線や色をつけるとわかることがあります」

　平面図での上下左右は普段見ている世界とほぼ同じように判断できます。しかし、立体図はXYZという方向軸を仮定して、それを基準に上下左右を判断することになります。例をあげれば、右斜め下方向が「右」、左斜め上が「左」、左斜め下が「手前」で右斜め上が「奥」となります。また、これらは図や、立体を描く角度により、変化するのです。つまり、図中のXYZ軸を想像し、さらにそれとの相対的な方向を考えなければならないので、角度や斜め線を捉えにくい子どもにとっては非常に難しい課題と言えます。このような場合、実物（モデル）を動かしながら、平面的な方向が立体的な方向になると斜めに見えるという点を中心に、実物と図の違いを比較させ、そして、図中の上下、左右、手前奥の基準となる線の見つけ方やその線に色をつけて判断する手順などを指導すると判断できるようになる子どももいます。

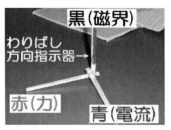
割り箸を使った方向指示器

磁界とコイルのモデル

　また、フレミングの法則の場合、左手の代わりに割り箸などに色をつけて組み合わせたものを使わせると、理解がしやすいです（**左写真**）。モデルを大きく作ってあるのは、割り箸指示器での確認をそれぞれの場所でできるようにするためです。　　　　　（齋藤　豊）

理 科

Q6「計測機器を読み取ることが難しい子どもへの工夫にはどのようなものがありますか」

キーワード
計測機器・読み取り・図と地

主な学習内容・場面：理科全般・温度計・気圧計・電圧計・電流計　など
実　　　　態：計測機器・液柱の示度・読みとりの困難さ・とらえにくさ
実態の背景：体幹・姿勢の保持困難・正しい見方で読む姿勢・身体感覚の目安があいまい

A：「①拡大模型（模式図）で示度の確認をする、②計測機器をビデオで拡大する、③デジタル表示の測定器を使用する、などがあります」

　困難の原因は他にも考えられますが、ここでは、計測機器の読み方の理解ができているのに、読み取りができない場合について記します。①針や液柱の示度を拡大模型（模式図）で確認する。②ビデオで計測機器を拡大してテレビに映す。③デジタル表示の計測器を使用するなどの方法が考えられます。この場合、その子の見えにくさやとらえにくさに応じて、目盛りの間隔や数字の表示について工夫します。また、棒温度計の場合は、左右に数字の位を分けずに、片側にまとめて表示する方が読み取りやすいです（**写真**）。

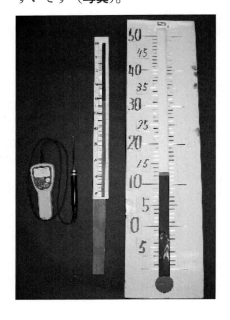

＊拡大模型（模式図）は、心理的な面を配慮して、友達が使用している物と同色で作成する必要があります。しかし、子どもによっては拡大のみでは見やすくならない場合があります。その場合は、より見やすい色を使用することが有効です。下地と液注や針の色（黒地に白など）や印には、はっきりとした濃い赤、青などの色を使用すると見やすいでしょう。そのような配色の中から、子ども自身に見やすい色を選ばせて作成すると、より読みとりやすくなり、後に子ども自身が、自分に必要な手だてを考えて工夫していく力にもつながります。

（蛭田史子）

理科

Q7「実験などの手順をわかりやすくする工夫はありますか」

キーワード
実験の手順・同時処理・手順

主な学習内容・場面：小学校第6学年理科「電流が生み出す力」
実　　　態：1ページに示された実験手順を順序に沿って進められない・小さな字を視覚的にとらえにくい・手順を追って進めることが難しい
実態の背景：同時処理が苦手・視覚的な情報処理の困難

A：「実験手順をパワーポイントなどで分割して示すと進めやすいことがあります」

　教科書では、実験の手順などを①〜④などの番号を目印に進めていきます。しかし、そのページ内でおさめるため、手順が必ずしも「上から下へ」「右から左へ」進んでいくとは限りません。視覚的にとらえにくさがある子どもにとって、それらを目で追い、実際に実験操作をしたのち、また手順に戻るのは容易ではありません。そのために、自分がどこまで進めたかを確認するだけで、時間を使ってしまいます。

　そこで、パワーポイントなどのプレゼンテーションソフトを活用し、「絵や図を拡大したり色を反転させたりする」「手順を一つずつわけて提示する」ことによって実験手順と内容がより明確にでき、見通しを持って実験やもの作りが進められ、より主体的に実験・観察に取り組めると考えられます。また、パワーポイントの実験の写真に、手順を録音した音声を入れて説明することで、聴覚優位の子どもの理解も進みやすくなります。

●利用ソフト：パワーポイント、サウンドレコーダー

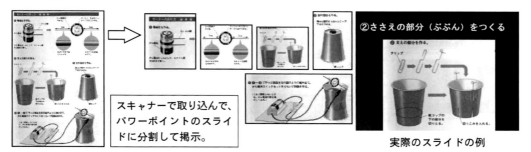

実際のスライドの例

（杉林寛仁）

保健体育

概要　保健体育科における「見えにくさ・とらえにくさ」

(1) 保健体育に見られる課題

　当校の子どもたちが体育授業で上手に運動できない特徴的な場面として、整列、ことばの指示の通りの運動、動きの模倣、リレーでのバトンパス、球技では目的の方向にボールをドリブルすること、ボールや他者の動きに合わせて自分の動きを調整することなどが挙げられます。運動が上手にできない要因を整理すると、①ボディイメージの形成、②模倣、③指示理解、④動作の複合、⑤状況判断の５つの課題に分類することができます。これらの課題は個々に特異的なものではなく多くの子どもたちに共通する課題であるとともに、内容や種目にとらわれず全ての授業（活動場面）において見られる課題でもあります。また、この５つの課題はボディイメージの形成がベースとなり相互に関連しあうと考えられます。

(2) 課題に対する指導上の手だて

　５つの課題に対する原因、具体例とその手だてを表にすると以下のようになります。

課　題	原　因	具　体　例	手　だ　て
ボディイメージの形成	経験不足 空間認知の課題	整列が苦手 腕の挙上運動で上肢が伸びない	整列は肩、挙上運動は肘など体の部位を意識させる
模　倣	空間認知の課題	体操の手本をまねできない	動きのポイントをことばと身体の動きで確認する
指示理解	経験不足 動きとことばの不一致	スラローム走ができない	運動を体感させ、感覚やことばと一致させるようにする
動作の複合	注意が一つに向きやすい	リレーで走りながらバトンをわたせない	歩きながらゆっくりした動きで繰り返し練習する
状況判断	処理可能な情報量が少ない	ゲーム中に次の動きを予測することが難しい	少人数、コートを狭くなど情報量の少ない練習から徐々に人数を増やし、コートを広げていく

以上より、各教員が次のことについて共通理解を図りながら指導を行っています。①軸、左右、高低などことばで確認しながら進める、②ことばで運動の情報を伝える時はキーワードを決める、③体感することで運動の上達を図る、④ことばで説明し身体の動きをサポートしながら体感させて再度自分自身のことばに置き換える。

　　　　　　　　　　　　　　　　　　　　　　　　　　　（池田仁・松浦孝明）

保健体育

Q1「整列する際に、上手に並べない子どもへの対応を教えてください」

キーワード
整列・空間における認知・身体座標軸・基準

主な学習内容・場面：授業全般
実　　　態：整列で正面を向けない・列から少しずれる・前や隣にいる児童に上手に合わせられず列がでこぼこになる
実態の背景：身体座標軸の未完成・基準作り・空間における認知・視覚情報の利用
他教科で活用できる場面：机に対して正面を向いて座る・机上の整理

A：「自分の体の基準となる部分と前や右隣にいる子どもの体のどの部分に注目するのかを明確にしてあげると効果的です」

整列が上手にできないケースには、身体座標軸が形成されていないために自分の体がどこを向いているかに気づけないことや、空間における認知に課題があるため前や隣にいる子どもの体のどの部分を見て自分の位置を合わせたら良いのかがわからないことが原因として挙げられます。

整列では肩を揃えられることが重要です。したがって、自分の体と前や隣にいる子どもの肩を基準としてとらえるように意識させます。

「前にならえ」では、前の子どもの両肩を注視させます。肘を曲げないで両腕を肩の高さで前方に伸ばし中指の先が前の子どもの肩に軽く触れるように指示を出します。指先だけを注意すると、斜めを向いたまま片方の肘を曲げて調節してしまう事もあるので、肘を伸ばした状態で指先が触れることを意識させます。

「右にならえ」では、右隣の子どもの左肩を注視させます。その肩に自分の右肩を合わせるように指示を出します。はじめは、隣の子どもの左肩に右腕の肘を軽く曲げた状態で手を置いて、肩が揃っているか確認すると良いでしょう。

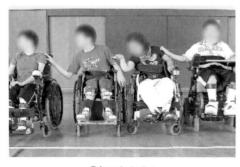

「右にならえ」
右隣の子どもの左肩を注視させ、自分の右手をその肩に置いて右肩を揃えるようにします。

（松浦孝明）

保健体育

Q2 「バレーボール等において、オーバーハンドパスかアンダーハンドパスかの判断・見極めが難しい子どもへの指導法を教えてください」

キーワード
オーバーハンドパス・アンダーハンドパス・空間における認知・見極め

主な学習内容・場面：小学校第5・6学年：「E ボール運動 ウ ソフト（風船）バレーボール」
　　　　　　　　　　中学校、高等学校：「E 球技　（風船）バレーボール」
　　　　　　　　　　オーバーハンドパス、アンダーハンドパスの基本練習、試合等の場面
実　　　態：高いボールをアンダーハンドで、低いボールをオーバーハンドで打ってしまう
実態の背景：オーバーハンド、アンダーハンドの判断、見極めが難しい

A：「体のどこかを基準として、そこより上か下かで判断させると判断しやすくなりボールを上手にコントロールして打てるようになります」

　空間における認知が難しい子どもにとって、とんできたボール（風船）をオーバーハンドで打った方がよいのか、アンダーハンドで打った方がよいのかを瞬時に判断し、適切な行動をとることが難しい場合があります。この場合、体の一部を基準とし、それより上か下かで判断する方法があります。基準をどこに持ってくるのかについてはいろいろな考え方がありますが、目線、つまり目の高さを基準とすると最も判断がしやすいようです。したがって、目線より上に来たと判断したボール（風船）はオーバーハンドで、目線より下に来たと判断したボール（風船）はアンダーハンドで打つと指導するとわかりやすいと思います。目線の高さがわかりにくい子どもに目線の高さをより意識づけるために、ボール（風船）を投げずに手で持ったまま目線の高さに持っていき、ゆっくりと高さを確認しながらオーバーハンドとアンダーハンドの使い分けの練習をします（**写真参照**）。練習のステップとして、最初は教員のようにボール（風船）を上手にコントロールできる者が、目線よりも明らかに高いボール（風船）を投げてあげたり、目線よりも明らかに低いボール（風船）を投げてあげたりして判断がしやすくし、徐々にいろいろな高さのボール（風船）を投げてあげると的確に判断ができるようになります。

（池田　仁）

保健体育

Q3 「徒競走・リレーなどの時、コース内を走行することが難い子どもへの指導法を教えてください」

キーワード
空間における認知・コース内走行が難しい・基準・指導法

主な学習内容・場面：小学校第5・6学年、中学校：「C 陸上運動 ア 短距離走・リレー」
　　　　　　　　　　高等学校：「C 陸上運動 ア 競走」
　　　　　　　　　　陸上運動の授業、運動会（体育祭、体育大会）における短距離走（徒競走）、リレーの場面
実　　態：短距離走、セパレートコースの走行時にコースの内外のコースにそれて走ってしまう・リレーのバトンパス時にバトンを受け取る側がわからなくなってしまう
実態の背景：コース内を走ることが難しい・たくさんある線の中で自分のコースの線が判別しづらい

A：「インコース（左側）のラインを『基準線』としてその線に沿って走るようにするとコース内を走る事ができます」

　運動会など白線が数多く引いてあるグラウンドで決められたコース内を走ることは、空間における認知が難しい子どもにとっては難しい課題であり、コースを外れて走ったり、リレーのバトンパスを行うのが難しいことがあります。そこで、指示を、「インコース（左側）のラインに沿って走りなさい」というように、インコースを基準線として走るよう指導すると、コーナーでもインコースに沿って走ることができるようになる場合があります。それでもインコースのラインが意識しづらい、隣のコースに入ってしまうという時には、インコース側に認識しやすい色のミニコーンを置くと効果がある場合があります。この方法を使うと、立体的にインコースをとらえやすくなり、コースを踏んだりラインを越えてインコースに入ってしまったりすることも減りますし、コーナーを走る時にもインコース寄りに走るため、より短いコースを走ることができます。バトンパスの時にはそのままインコース（左）側に入ってバトンパスができるように次の走者がアウトコース（右）側で待っているようにしておくと、スムーズにバトンパスが行えます。

（池田　仁）

保健体育

Q4 「体操やダンスの動きがぎこちなく、また手本通りに運動を行うことができない子どもには、どのような指導が有効でしょうか」

キーワード
ボディイメージ・動きのぎこちなさ・模倣・動きとことばの協応・経験

主な学習内容・場面：体つくり運動、器械運動、表現運動
授業導入の準備運動や上記領域の授業全体で利用可能
実　　　態：動きのぎこちなさ・動きとことばの不一致・模倣の困難（動きをことばにして説明した際に、目的の運動が上手にできない、腕を前方から頭上に振り挙げる運動を手本として見せても腕が真上まで挙げられず動きがぎこちないなど）
実態の背景：運動経験の少なさ・空間概念の形成（運動経験少なさから、指示されたことばと目的の動きが一致しない・どのような運動をするのかが理解できない・空間概念の形成が不十分（自分の体の空間概念の形成（ボディイメージ）が不十分な場合、「腕を前から上に挙げる」運動では腕を上に挙げているのか前に挙げているのかがはっきりしない。手本の動きを視覚情報としてとらえることが難しく（模倣困難）、自分の動きと正しい動きの不一致に気づくことが困難）
他教科で活用できる場面：技能系教科（目的の作業が行えない場合）

A：「ゆっくりとした運動で、正しい動きを体感することが大切です。また、腕を上に挙げる運動では「両腕で耳を挟むように」といったことばを付け加え、動きを自分のことばにして理解すると良いでしょう」

はじめに正しい動きを体感することが大切です。ゆっくり正確に行います。自分一人で行うことが難しい場合は、教員が補助しながら正しい動きを確認します。その際に、自分のことばを付け加えながら運動することで、動きの理解を促します。

また、繰り返しの運動では、運動を繰り返す間に動きが曖昧になりなるケースがあります。動きの中で運動の始点となる基準を確認します。次に、運動を折り返す終点となる基準を確認します。基準を確認したあとに、ゆっくりと正しい動きを体感させます。この二つの基準を意識して運動を行うように声かけします。

（松浦孝明）

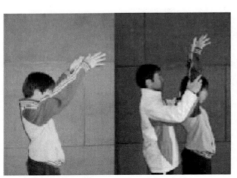

写真左：「上」か「前」か曖昧な腕の挙上運動。
写真右：教員の補助により正しい動きを確認します。「腕で両耳をはさむように」と自分のことばを付け加えるとより効果的です。

ティーブレイク 2

自立活動と個別の指導計画

　自立活動とは、特別支援学校の目的、目標を実現するため、障害を有するがために生活や学習場面で生じる種々の困難の改善克服を目指した指導領域です。小・中学校等の教育課程にはない領域ですが、特別支援学校がこれまで培ってきた専門的領域です。

　ここで指す「自立」とは、特別支援学習指導要領（自立活動）解説によれば、「個々の児童生徒が主体的に自己の力を可能な限り発揮し、よりよく生きようとすること」とされています。

　自立活動の目標と指導内容は、特別支援学校学習指導要領に掲げられています。しかし各教科のように学年毎にその目標や指導内容が細かく系統的に掲げられるのではなく、自立活動全体の目標と人間としての基本的な行動を遂行するために必要な要素と、障害に基づく種々の困難を改善・克服するために必要な要素が内容として分類・整理して掲げられているだけです。しかし、そこに挙げられた内容を一つずつ指導することを意図しているのではありません。まず挙げられた内容を視点に個々の児童又は生徒の実態把握をして、必要な項目を選定して相互に関連付けて具体的に指導内容を設定する必要があります。それは、同じ障害をもった児童生徒であっても、その障害の状態は様々であり、自立活動の指導は、個々の児童又は生徒一人一人の障害の状態や発達段階等に基づき、計画・実施・評価されていくことが前提となることを意味します。そのため、「なぜこの子に、このような指導が必要なのか」「どのように系統立て指導していくか」その根拠を明らかにし、児童生徒及び保護者に説明する責任が各学校に求められ、児童生徒一人一人に対する自立活動の指導における「個別の指導計画」の作成が義務づけられているのです。

個別の指導計画はどう作るの？

　作成の義務は、特別支援学習指導要領の総則に示されています。しかし、明確な定義や方法は示されていません。それは、作成の主体を学校にあることを意味しており、各校の実状に応じ日々の指導に活かせるシステムを構築していくことが求められています。さらに、担任一人で作成する性質のものではなく、その児童生徒に関わる関係者（例えば、同学年の教員、養護教諭、保護者、主治医等）と協働しながら作成し、共通理解を図ることも重要です。各地域にある特別支援学校では、各校の実状に応じ、個別の指導計画をチームで作成し共有していくシステムを工夫しています。もし作成に悩まれた時は、お近くの特別支援学校に相談してみてください。

（北川貴章）

音 楽

概 要　音楽における「見えにくさ・とらえにくさ」

　音楽で「見えにくさ・とらえにくさ」が関わってくるのは、主に「表現」領域で、楽譜に関わるときと、楽器を扱うときです。

　歌唱・器楽ともに楽譜の音符や記号を読みとること、もしくは創作した音楽を楽譜に記録することは、なかなかうまくいきません。「見えにくさ・とらえにくさ」がある子どもにとっては、楽譜は記号の集合で、読みとることにも時間がかかりますが、曲のスピードにあわせて楽譜を読みとりながら歌唱や器楽の演奏をすることは、なかなか難しいことです。そこで、新曲を覚えるときや、パートを覚えるときも、まずは聴いて覚えることを中心に行っています。楽譜から読みとることは苦手でも、聴いて覚えることは得意であり、歌詞だけを大きく模造紙に書いた紙を用意して、歌いやすくするなどの配慮を行っています。だいたい曲がつかめ、曲想について深めていく段階で、楽譜を改めて見ながら記号の意味の理解などに触れていきます。

　また、楽譜に蛍光ペンで印をつける、めくりのない楽譜を用意するなどの工夫で「見えにくさ」がかなり改善される場合もあります。創作の場合は書きとめるところは教員が手助けをして、そちらに時間をとられないようにします。

　いずれの場合も、楽譜を読みとって曲を理解するよりも、聴いて覚える方が格段に早く、何より楽しいため、限られた時数の中では「聴く」活動を重視し、適宜楽譜にも触れるようにしています。

　器楽の場合では、楽器の構造そのものをとらえにくい様子がうかがえます。キーボードや木琴などの鍵盤楽器を使うことが多いですが、鍵盤の配列がとらえにくいことがよくあります。左右が混乱しがちな子どもは「ドレミ…」と音が順に進行している場合でも、速さに合わせようとしてあわてるために、次の鍵盤を一音ずつ探して、さらに混乱してしまうことや、音の跳躍が大きいと鍵盤を見失うことがあります。こうした場合、基準となる音の鍵盤にシールを貼って手がかりを示す、木琴では使う音だけを抜き取って演奏しやすくする、速さをゆっくりにする、個人の力に合わせたパート譜を用意するなど、より演奏しやすくする配慮が必要となります。また、楽器に対して斜めに座っているときには、真っすぐに座り直す、見やすく演奏しやすい高さに調節する、利き手の近くに楽器を移動することなどで、楽器をとらえやすくなり、混乱を減らすことができます。

（黒鳥由里子）

音楽

Q1 「キーボードを弾くときに一音ずつ鍵盤を探して弾く子や、高いド、低いドの区別がつかない子どもへの手だてを教えてください」

キーワード
楽器の奏法・キーボード・位置関係

主な学習内容・場面：全学年　器楽
　　　　　　　　　　鍵盤ハーモニカ・キーボード・木琴など鍵盤楽器の指導
実　　　態：ドレミの配列がわからない・音の高低がわからない
実態の背景：音の高低と鍵盤の左右の関係が結びつかない・左右がわかりにくい

A：「鍵盤にドレミが書いてありませんか？」

　鍵盤に階名をつけてしまった方が、子どもには取り掛かりやすいですが、鍵盤の位置がいつまでも理解できないこともあります。そこで視点を変え、黒鍵の並び方に注目させてみましょう。黒鍵が2つ、3つのかたまりで並んでいることに気づかせ、黒鍵を頼りにドを探すことを練習してみてください。はじめは階名をつけていても、できるようになってきたら少しずつ外すようにして、配列を覚えられるようにしましょう。

鍵盤にひらがな、カタカナ、色シールなどわかりやすくしようと、たくさんシールが貼ってある。

A：「音の高低と、キーボードの左右が結びつかないのでは？」

　正しい音程で歌えるのに、鍵盤だと高低が混乱している場合は、階名だけを探して弾いていると考えられます。階名を歌いながら音が上がっているか、下がっているかを確認しましょう。鍵盤では、ドの音がいくつもあることや、右に行くほど高くなることを、弾きながら声に出して歌うなど、具体的な活動で確かめるようにしましょう。

A：「いつも1本指で弾いていませんか？」

　手指の動きが思うようにいかないため、1本指で鍵盤を弾いてしまいがちです。しかし、多少困難が伴っても、3本から5本の指を使って弾くと、指の間隔と音の関係をつかみやすく、指でドレミがわかるようになります。1音ずつ鍵盤を探さなくても弾けるようになります。

（黒鳥由里子）

音楽

Q2「リコーダーの指使いや、リコーダー運指図の見方がわからない子どもがいます。何か工夫はありますか」

キーワード
楽器の演奏・リコーダー・運指図

主な学習内容・場面：小学校第3学年以上　器楽
　　　　　　　　　　リコーダーの運指指導
実　　　　態：リコーダーの指使いがわからない・指使いがなかなか覚えられない
　　　　　　　　・運指図の理解が難しい
実態の背景：図と指の関係がわかりにくい・図が小さくて見えにくい

A：「指使いをイメージしやすい図や、言葉の説明で示してあげましょう」

ほとんどのリコーダー運指図では、黒丸●（押さえる）と白丸○（開ける）で指使いを示してあります。しかし、「丸印がたくさんあってどこを見てよいかわからない」「抽象的でわかりにくい」など、運指図の理解が難しく、指使いに苦労している子どももいます。そこで、**図**のような運指図（例　ソ～レ）を提示してみましょう。

実際の練習場面においては、譜面と運指図の両方を見て対応させながら吹くことが難しい子どももいるでしょう。その場合には、運指図だけで譜面を作ってあげましょう。

また、シラソ…が上の穴から順にふさがっていくことに気づかせ、順序性をふまえて覚えさせるのも効果的です。高いド・レは後回しにしてもよいでしょう。

一人で吹けるようになれば、リコーダー演奏の楽しさと自信へつながります。

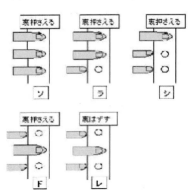

指の絵が描いてあると、実際の指使いがイメージしやすくなります。そして使わない右手を描かないことで、情報量が少なくなり、見やすくなっています。
また、裏の穴は、言葉で説明することにより、指の動かし方が、自分で理解・確認することができます。

（若木由香）

音楽

Q3 「高さや角度など、見えやすい位置に配慮して楽譜を置くようにしていますが、すぐに目をそらしてしまい、あまり見ようとしません」

キーワード
楽器の演奏・楽譜の読みとり・注視の困難・聴く

主な学習内容・場面：全学年　器楽や歌唱など表現活動全般
実　　　態：理解する力はあるが楽譜から読みとれない・見てもわからない
実態の背景：楽譜は記号ばかりでわかりにくい・線がちらちらして見えにくい

A：「情報量の多い楽譜を前にして、どこを注視すべきかわからなくなっていることが考えられます」

　読譜の困難さは、情報が複雑に図と文字で表されていることに加え、それらが音楽の進行と共に左から右へ、上から下へと移動するところにあります。視覚的な処理に困難のある子どもにとって、楽譜の多くの情報量を前に、どこを注視したらよいのかわからなくなっていることが多く見られます。このような場合、次の2点が有効です。

　①「左ページの一番上を見てください」など、場所を探す手がかりの言葉かけをし、拡大楽譜などを用いて、音楽の進行に合わせて演奏している音を示す作業を、丁寧に繰り返し行います。見やすいようにパートに蛍光ペンで色をつけることも有効です。

　②次に、繰り返されるリズムやメロディーを、部分的に取り出しカードなどにして、一旦情報を整理し、部分的な理解を深めるようにします。このように楽曲を構成している部分の理解が、楽譜全体の理解につながることがあります。

　読譜を補うものとしてCDを聴いたり、範唱を聴いたりなど、「聴く」ことにより音楽を捉える活動を、積極的に取り入れましょう。

左の写真は、高2女子（脳性まひ）がハ長調の音階を五線譜上に書いたもので、何度も書き直した跡が見られますが、この生徒の上肢には五線上の記譜に影響するような麻痺はなく、ここに見られる記譜上の混乱は、視覚的な処理に関する困難の表れと考えています。このような場合、たとえば五線のうち上二本を隠して三本線にすると記譜しやすくなる様子が見られ、ある程度の援助になりますが、本来楽譜とは五線上に表現するもので、根本的な解決とはいえません。

（永杉理恵）

図工・美術

概要　図工・美術における「見えにくさ・とらえにくさ」

(1) 「見えにくさ・とらえにくさ」が図工・美術の授業に及ぼす影響

　小学校学習指導要領の図画工作、中学校・高等学校学習指導要領の美術は、A表現「表現活動を通して、つくりだすよろこび」を育てる活動と、B鑑賞「美術を愛好する情操」を養う活動の2つの要素によって成り立っています。この内容を指導するにあたって、子どもたちのつまずきの原因の一部として考えられる「見えにくさ・とらえにくさ」は互いに影響しあい、造形活動を困難にしています。具体的な例は以下の通りです。

- 画面の真ん中がわからない。鉛筆や筆をピンポイントに置くことが難しい（たとえば顔を描く場合、顔の輪郭に対して、的確な場所に目などを配置して描くことが困難）。
- 図と地の関係を区別しにくい。
- 対象の中から要素を読み取ることが難しい（写生では輪郭を読み取ることが難しい）。
- 構造を分析して再構成することが苦手、あるいは表された絵や立体の構造がバランスを大きく欠いている。
- 形を写すことの困難。特に3次元から2次元への再構成（写生、自画像など）が困難。
- 奥行きや、長さの推量が難しい。

(2) 指導の工夫及び配慮の具体例

　上記の学習の困難に対し、以下のような指導の工夫及び配慮を行っています。

- 教材・教具の色、図や文字の線の太さ、教材・教具との距離に配慮する。
- 見たものと自分が知っている形とを、短絡的に結び付けてしまう傾向がみられる場合、実際に見たものの形態的な特徴を、詳しく言語化して読み取るよう指導する。
- 制作中に本人の作品を離して見せることで全体像を確認させ、ゆがみなどの修正点に気づかせるよう指導する。
- 3次元で見てとらえることに困難を示す場合、2次元に置き換えて見ることのできるツール（デジカメ等）の活用や、ライトにより陰影がはっきりするように配慮する。
- 方眼紙や方向指示棒を使ったり、立体を面ごとや塊ごとに色分けしたり、触覚で立体を把握できるように配慮する。
- パズル的な造形（コラージュやアッサンブラージュなど）を単元として多く扱う。

　このように本校の図工・美術科では、造形上の完成度を追究するのではなく、造形的思考力・観察力・構成力・感性などの力を問えるように配慮し、表現の幅を広げ、図工・美術本来の表現力・観賞力を養えるようにしています。（松田　泉、永江智尚）

図工・美術

Q1 「デザインの学習時、イラストレーションやレタリングなどを枠からはみ出して描いてしまいますが、どうしたらいいですか」

キーワード
見通しが持てない・図と地

主な学習内容・場面：絵や立体をつくる単元全て
実　　　態：描いたりつくったりする際、規定の枠からはみ出すことが多い
実態の背景：細かい作業をすることが難しい・全体を見通して制作することが困難
他教科で活用できる場面：書字などにおいて細かい作業や、ノート（テスト用紙）全体を意識した作業を伴う場面

A：「図案を拡大したり、シンプルな形で指導します。姿勢を整えることも大切です」

　図と地の関係がとらえにくいので、線が込み入らないように下図案の段階での調整や整理がポイントです。絵やレタリングなどの場合は、下図案の拡大やデザインのシンプル化を行います。線は太く、濃く、色別に見分けやすくします。

　紙の方向を変えて描きやすくすることに気づかないことも多いので、自分で意識してできるように指導することも大切です。肘が上がりにくい子どもは、筆が寝てしまい手元が見えにくくなるため、はみ出しやすくなります。「塗る」のではなく、「点をおく」感じで点をつなげるようにして描くことや、子どもの状態によっては、紙を画板に貼り、角度をつけ、細平筆を使うことで描きやすくなります。描く時は画面に正対するよう机の高さを調整することや、姿勢を整えてあげることも重要です。

　また、複雑な文字や絵の場合は、一度に多くの情報を見せないようにして部分を積み重ねる、注目する場所をわかりやすくするなどの工夫で作業がしやすくなります。たとえばレタリングの文字ではヘンとツクリをわけ、一方のみ見えるようにして描かせる、または後から追加して書き加えるなどの工夫が必要となります。

　ただし、細部に入り込みやすい傾向もあるので、部分と全体像の関係をつかめるようにするために、時々離して見せたり、完成形のイメージを再確認させたり、どの部分に取り組んでいるかがわかるよう、仕上げの見通しを持たせる配慮が大切です。

（松本みよ子）

図工・美術

Q2 「土粘土に装飾したり、積み重ねたりして形を作っている途中で、自分で追究したい形がわからなくなるのですが、どうしたらいいですか」

キーワード
立体把握・空間における認知・造形

主な学習内容・場面：立体をつくる単元（張り子のお面作り等）
実　　　態：同じところに粘土を付けてしまうことが多い・作った形を判断できない
実態の背景：形（平面的）や立体を把握することが困難
他教科で活用できる場面：ボールを使った運動等の空間における認知を伴う場面

A：「粘土に色をつけ、色を手がかりにすると形や重なりがわかりやすくなります」

　土粘土は重量感、かさ、質感など素材としての手ごたえがあり、可塑性に富むのでぜひ取り組ませたい題材です。しかし土粘土は灰色などが多く、暗くて図と地を見取りにくいので、同じ色の粘土で装飾していくと、前やったことと、今やったこと、また、今作り直した痕跡等が混乱してしまい、場合によっては何を作りたかったのかわからなくなってきます。そこで視覚的に見えやすく、また、何を加えたり、引いたりしたかをわかりやすくするために、第1段階、第2段階、第3段階ごと（積み上げにしたがって）粘土の色を変えてあげます。方法としては、①粘土にベンガラなどの色粉を加える、②テラコッタと造形用粘土のように色の異なる粘土を使う、などが挙げられます（これらの粘土を混ぜ合わせ、中間色を作っておくのもよいでしょう）。

　このことで、今作っている部分と、全体との関係が見えやすくなり、作りたいイメージを持続できる利点があります。また、2次元的な造形をしがちで、積み上げることが苦手な子どもも、何色のところに何を積み上げるかの目安ができ、立体的な高さを積む表現に導くことができます。

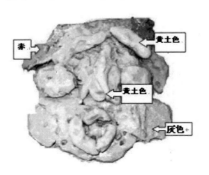

　写真は、「顔の張り子」の土台として、土粘土を使った制作過程で活用した例です。

（松本みよ子・松田　泉）

図工・美術

Q3 「水彩絵の具で描くとき、色を混ぜて使わず、そのままの色だけで間に合わせていますが、どのように指導したらよいでしょうか」

キーワード
見通しが持てない・経験

主な学習内容・場面：水彩画による彩色をする単元
実態：面倒な作業を避ける・作業において、見通しを持っていない
実態の背景：細かな作業の困難・経験不足からの色づくりの見通しが持てない

A：「色数を絞る、混色の経験を積む（色水づくりなど）、用具の工夫を図る、などが考えられます」

　低学年のうちはチューブの色でよいかもしれませんが、自分のイメージを細やかに表現していく段階では、色をつくることを通して、微妙な色彩を見わけたり、感じたりできるような色彩感覚を身につけていってほしいものです。

　手だてとしては、まず三原色と白、黒、茶程度に絞って、混色しながら描く経験を積むことが有効です。身体を動かして学ぶ経験を意図的に指導に位置づけましょう。色の種類や混合の見通しをつけるため、ペットボトルを利用した色水づくりは、混色が容易なので取り組みやすいです。また、自分がつくった色と色見本を比べる場合には「紙の色見本」では持ちにくいですが、「色見本ペットボトル」ならつくった色（紙）と色合わせが直接できる上、持ちやすく操作しやすいです。

　操作上の困難に対するストレスの軽減のため、パレットは複数用意し、汚れたり失敗したりしたらどんどん新しい物を使えるようにします。パレットは大きめのデザインパレットや、色数が少ないときは絵皿が使いやすいです。筆洗は高さが低い物が使いやすいです（透明な器であれば、水の汚れを側面からも確認できるのでさらに理想的です：**写真**）。

（松本みよ子）

技術・家庭

概要　技術・家庭における「見えにくさ・とらえにくさ」

　技術科は「A技術とものづくり」「B情報とコンピュータ」の２つの内容で構成されています。これらの学習活動では、手指や上肢の運動障害とともに、目と手の協応が課題製作の重要なポイントとなります。

　「見えにくさ・とらえにくさ」に課題をもつ子どもは、「A技術とものづくり」では、材料や道具を線に合わせることや、図面に従って組み立てること、「B情報とコンピュータ」ではカーソルの移動やオブジェクトの配置が困難である場合が多く見受けられます。

　「A技術とものづくり」では、治具（じぐ）等を利用することで作業ミスが少なくなります。また、「B情報とコンピュータ」では、ユーザー補助機能等における画面の設定変更や、入力支援機器を活用することによって、子どもにとって活動しやすい環境を整えることができます。これらの手だてを個別に設定することが求められます。

　家庭科では調理実習の際に、野菜を切る場面でつまずくことがあります。切り終えた野菜の形を絵や写真で見せて、切り方を師範しても、どのように切ってよいかわからない子どもがいます。そのような時は、切り方の段階ごとを写真カードにして、まな板のそばにおきます。その写真と位置関係を照らしながら野菜を切ります。また、切る物の形がはっきりするように、まな板にカラーシートを置いて形をとらえやすくする方法も行っています。

　ミシンによる製作では、印通りに縫えなかったり、思い通りにミシンを操作できなくて慌てたりすることがあります。ミシンは同時にいろいろな動きをしているので、子ども自身もいろいろやらなければならないような気持ちになってしまいますが、やるべきことはそう多くはありません。針から自分に向かって直線をイメージし、それを基準線として、そこに布の印が重なるように布をコントロールします。

　手縫いで並縫いをする際、上肢の動きに制限があって、一針すくうという動作が難しい場合に、「刺繍輪を用いて針を刺して、裏返ししてまた針を刺す。」といった方法をとることがあります。この時に針を刺した面に、再度針を刺してしまい、並縫いにならず、糸が刺繍輪を渡ってしまうことがあります。このような時は一つの解決策として、一針刺して抜いた後に、一息時間を空けると、動きに区切りがつき同じ面に針を刺す間違いが減ります。本来の波縫いの理解とは離れますが、これをきっかけに並縫いを理解できることもあります。

（大川原恒・大石京子）

技術・家庭

Q1「差し金を使用した罫書き（定規で長さを測って線を引く）が困難な子どもに対する工夫を教えてください」

キーワード
罫書き・目盛りを読む・定規・長さの実感・補助具

主な学習内容・場面：中学校　「Ａ技術とものづくり」
実　　　態：寸法に沿った罫書きができない・線が曲がる、ゆがむ
実態の背景：目盛りを読むことが困難・印を探すことが困難・垂直や平行の判断が困難

A：「余った木材で専用の定規を作りましょう」

　罫書きの手順は①長さを測る、②印を付ける、③線を引く、です。ものの見え方が困難な子どもにとって、①の手順では定規の目盛りを読むことが難しい場合があります。また、②の手順で、ようやく見つけた目盛りの下に印を付けるとき、自分にとって見えやすくするために、点ではなく幅5mm程の線や丸で印を付けてしまいます。これでは正しい位置が決まりません。だからといって点で印を付けると、見失ってしまい、再び測り直すことになります。さらに③の手順では、差し金を材料に対して垂直に当てることが難しく、差し金が木から離れてしまいます。結果として印は通っていても、材料に対して垂直ではない線を引いてしまいます。せっかく苦労して引いた線が正しくなければ、後の工程において図面通りに製作することはできません。

　余った木材を罫書きに必要な長さに加工して、定規の代わりに使用しましょう。一般の定規と違い、目盛りを探す必要がなく、直接線を引くことができるので手順も減ります。また、別の木に同じ寸法の線を引くときも、定規に使用することができます。

　当て止を使用すると加工物の端と定規の端を合わせやすくなり、ずれにくくなります。また、写真のように3面で構成された定規を使用すると、はめるだけで済むので当て止が必要ありません。複雑な罫書きでも定規をつくることによって、正確に行うことができるようになります。

（大川原恒）

技術・家庭

Q2 「木などの立体物を罫書き線に沿ってのこぎりで加工する工夫を教えてください」

キーワード
道具の使用・のこぎり・木材加工・補助具・治具

主な学習内容・場面：中学校 「A技術とものづくり」
実　　態：加工した線が、罫書き線から大きくずれてしまう・止める場所がわからず、切り落としてしまう・のこぎりが左右に動いてしまう
実態の背景：上肢操作性の困難・のこぎりを前後に動かすのが困難・垂直や平行の判断が困難・印や線の確認が困難

A：「治具を活用して、切削工具の可動域を制限しましょう」

　のこぎりでの切削は、縦・横・深さの3方向に注意が必要ですが、治具を活用すれば横のずれを押さえ、縦方向にガイドしてくれます（**写真1**）。そのため深さに対して注意を払うことに集中ができ、作業ミスを防げます。また、治具は思わぬ方向に刃が移動することも防げますので、子どもの能力に応じて治具を使用することで作業の正確性と安全性が向上します。

　この治具はホームセンター等で市販されています（**写真2**）。しかし、適当な物が見つからない場合は自作しても良いでしょう（**写真3**）。また、治具とのこぎりが一体になったマイターソー（**写真4**）もあります。

　これらの治具の使用に際してはクランプが必要になりますが、様々なものが市販されています。中でもスライド式のものは容易に幅が変えられ便利です。

写真1　　　　　写真2　　　　　写真3　　　　　写真4

（大川原恒）

技術・家庭

Q3 「包丁で野菜を切るとき幅や大きさを意識して切るにはどうしたらよいでしょうか」

キーワード
道具の使用・包丁・調理・位置関係

主な学習内容・場面：中学校 「A生活の自立と衣食住」（調理実習など）
実　　　態：包丁で野菜を切るときまな板と野菜の色が混ざって区別できない
実態の背景：位置関係、方向の判断が難しい・立体の変化をとらえることが難しい

A：「まな板の表面に色をつけ、野菜が見えやすいようにします。野菜の形がよく見えるようになり、包丁をどこに置くかわかりやすくなります」

　まな板の上に野菜を置いていちょう切りをすると、野菜によってはまな板と色が似ているため、野菜の形が認識しづらく、包丁をどのように当てたらよいのか困ります。

　野菜の形状がよくわかるような色をまな板につけることで、包丁が当てやすくなります。また、切る厚さや形も意識できます。

　まな板に色をつける場合、塗りがはがれたり、包丁で切れない物を使用することが必要になります。ホームセンター等で購入できる「貼れるフェルトシート」などは、野菜が滑りにくく、使い勝手がよいでしょう。

・まな板に野菜が固定できるようにする工夫もよいと思います。
・包丁も大きさや握りやすい形の物がありますので、適した物を使用するのもよいと思います。

（花村裕子）

技術・家庭

Q4 「温度の確認が必要な場合に温度計の細かな目盛りが読みとれません。どうしたらよいでしょうか」

キーワード
目盛りの読みとり・調理・温度計

主な学習内容・場面：中学校 「A生活の自立と衣食住」（調理実習など）
実　　　　態：温度計の目盛りが読みとれない
実態の背景：目盛りを読むことが困難・印を探すことが困難
他教科で活用できる場面：目盛りを読みとる場面

A：「温度計のアルコール柱と目盛りの位置に注視しやすい印をつけることで読みとれるようになります」

調理・実験などで、液体の温度を確認するために温度計を使います。1℃間の目盛りが薄く、間隔が細かいために読みとりが難しくなっています。

アルコール柱の上下する状況は赤色なので把握できますが、細かい目盛りを読むことが大変です。

拡大した模式図を使い、1度計目盛りの読み方を理解しておき、10℃ごとに色つきの印を付けることで、目盛りの段階が理解でき、ほぼ温度を読みとることができます。

なお、温度計はガラス製なので、破損したときのケガにも注意するために、市販されているステンレス製のケースに入れて使用します。

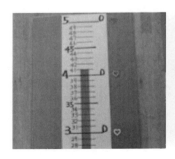

（花村裕子）

技術・家庭

Q5「印通りにミシンをかけるにはどうしたらよいのでしょうか」

キーワード
衣服製作・ミシン・線にあわせて縫う・図と地

主な学習内容・場面：＜高等学校＞
家庭総合2(4)イ 衣生活の科学と文化
生活技術2(5)イ 被服の構成と製作
＜中学校＞
家庭分野2「A 生活の自立と衣食住」(6)簡単な衣服の製作・ミシンで衣服や小物を製作するとき
実　　　態：印通りにミシンをかけられない
実態の背景：図と地の区別が難しい・何をしたらいいかわからない、慌てる

A：「ミシンの縫い目を予測できるようになると、印通りに縫えるようになります」

写真のように、ミシン針から自分に向かってものさしを当ててみます。ミシンをかけ始めると、ものさしの位置に縫い目ができ上がってくることを理解させます。そして、「ミシンをかけ始めると、ものさしの位置に縫い目ができるわけだから、印通りに縫うには、布をどのように動かすといいでしょうか？」と問います。すると、子どもはものさし（予測した縫目）を基準線として、布を左右に動かしながら確認して操作方法を理解します。

ものさしで示した基準線をイメージとして残せると、操作する際の見通しを持つことができ、うまくいくようです。

上のような投げかけに加え、本校では、速度調節（送り歯）を設定できるミシンを使用しています。いろいろ種類があるようですが、中でも「とてもゆっくり」と設定できるミシンを使用しています。

ものさしのある位置に、これから縫い目ができることを理解させ、印とものさしが重なるように、布を左右に動かします。

（大石京子）

技術・家庭

Q6「ミシンを扱う時に何を見ていいかわからず、慌ててしまう場合はどうしたらよいでしょうか」

キーワード
衣服製作・ミシン・線にあわせて縫う・図と地・注視ポイント

主な学習内容・場面：高等学校：家庭総合「被服の構成と製作」
　　　　　　　　　　　　生活技術「被服の製作」
　　　　　　　　中 学 校：家庭分野「簡単な衣服の製作」
実　　　　態：ミシン操作がわからない・混乱して慌ててしまう
実態の背景：図と地の区別が難しい・何をしたらいいかわからない

A：「視点を示し、やるべきことを1〜2つぐらいに絞って伝えるとよいです」

　ミシン本体は、同時にいろいろな動きをしています。たとえば針は上下に動き、布は前後に進みます。その中で、布を左右に操作します。これらが同時に行われるため、子どもは何を見てどうしたらよいか混乱しているのではないかと考えます。

　そこで、**写真の矢印**にあるようにミシン本体に油性ペンで印をつけます。この印は、まず縫うものの印の上にミシン針をおろし、縫い代の端がどこにくるかを決め、決まったところを油性ペンで書き込んでいます。縫い代の幅によっては押さえ金に書き込むこともあります。

　子どもには油性ペンの印をガイドにして、布を動かすよう指示します。すると、やるべきことが「視点は油性ペンの印」に「操作はそこに布の端をつける」に絞られ、落ち着いて取り組めるようになってきます。

　ミシン針が印にしっかりと刺さっていることを見て縫うことも大切ですが、いろいろな動きが目に飛び込んでくるとうまく縫えないようです。動きがないものを注視ポイントとして視点を置くと、落ち着いて取り組めるようです。

　また、この場合もミシンの機能に速度調節（送り歯の）機能があり、「とてもゆっくり」が設定できるものを用いられるといいと思います。

（大石京子）

技術・家庭

Q7 「並縫いに必要な印を布に正しくつけることが難しいのですが、どうすればよいか教えてください」

キーワード
手縫い・目盛りを読む・補助具

主な学習内容・場面：小学校第5・6学年「私たちの生活」「身の回りを見つめて」「私にできること」「針と糸を使ってみよう」
実　　態：定規を当てても印をつける目安の目盛りを見失ってしまい、正しい位置を自分で探して印をつけることができない
実態の背景：目盛りを読むことが困難・印を探すことが困難

A：「穴あき定規を活用し、つける位置を明確に示すことで、正しく印をつけることができます」

　自分の力でいろいろな作業を行いやすくなる補助具を使用します。視覚的な情報を正確に認知することが難しい子どもは、細かな目盛りの情報を読み取ることが困難な場合があります。情報を整理して示し、何に着目すればよいのか、何を見て作業すればよいのか明確にすることが大切です。

　たとえば、2cm間隔に直径5mmの穴が5個並べて開けた黒色の穴あき定規を用意します。赤色のペンを白い布の上において、布の下にはすべらないようにゴムシート（たとえば青又は黒）を敷きます。こうすることで、作業は赤色のペンで穴に点を打つという単純なものになり、スムーズに2cm間隔に印をつける作業ができます（**写真**）。穴の周囲は黒、穴は白、ペン先は赤と、色の工夫もはかります。

　また、印の形を通常の線分ではなく単純な○印にすることで、縫う作業の目印（針の入口と出口）を単純化し、わかりやすく示すことができます。

　なお、子どもの視点が定まりやすい視野に布を置き、縫う場所をその中央に設定させ、注視を容易にすることが大切です。

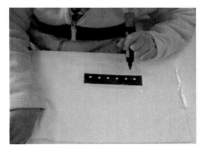

（河野文子）

技術・家庭

Q8 「並縫いの時、針を表から裏に刺した後に裏から表へ刺さず、再度表から裏へ刺してしまうことがよくあります。どうすれば正しく縫い進めることができるか、教えてください」

キーワード
手縫い・目盛りを読む

主な学習内容・場面：小学校第5・6学年「私たちの生活」「身の回りを見つめて」「私にできること」「針と糸を使ってみよう」
実　　　態：定規を当てても印をつける目安の目盛りを見失ってしまい、正しい位置を自分で探して印をつけることができない
実態の背景：(針を刺す)方向がわからない

A：「表側から針を刺して糸を引っぱった後、裏側にひっくり返して作業をひと休みして区切りましょう」

　見え方の問題と手指操作の問題があります。つまり、視覚的な情報を正確にとらえることが難しい子どもでは、布の凸凹面の平面的な印や縫い目を、見づらい場合があります。視覚的な情報を正確にとらえること（縫う位置：印を注視すること）と、落ち着いて自分の手指を操作し、正確に作業すること（針先を印に合わせて刺すこと）の両面から援助しましょう。

　①「針を刺して針が見えなくなるまで通し、裏返す」の工程と、②「針を持ち、糸を最後までひっぱり出す」の工程で作業を分けます。①②の作業を行った後に裏返して時間的な間を取り、裏を表としてあらためて①②の作業を行います。この繰り返しで縫い進めることを理解します。①と②の間に時間的な間を取ることで、子どもは頭の中で個々の一針をそれぞれ独立したものととらえることができます。最初は子どものペースでゆっくり行い、徐々にスピードを上げてリズミカルに行います。刺繍用の輪で布をはさんで固定し持ちやすくすると、自分で裏返すことができます。また、布が引っぱられ縫い目が見やすくなり、容易に確認できます。

（河野文子）

ティーブレイク 3

筑波大学附属桐が丘特別支援学校

　当校は、大学附属として国内唯一の肢体不自由者を対象とする特別支援学校です。肢体に不自由のある児童生徒と、特別支援教育に対しての有効な教育方法を検討・実践しています。また、特別支援教育の制度の下、センター的機能を発揮し、近隣の保育園、幼稚園、小学校、中学校、高等学校等に在籍する幼児児童生徒等の支援も行っています。

　当校の役割としては、肢体不自由教育の理論および実践に関する研究があり、その成果を蓄積し、全国の皆様に発信することが挙げられます。毎年2月には、「肢体不自由教育実践研究協議会」を開催し、学校研究の成果を全国の皆様に発信するとともに、参加者の皆様から意見を頂きながら、よりよい実践を追究しております。

　また、特別支援教育という学校制度においては、学校種の枠を超えて、子ども一人ひとりのニーズに応じた教育の実践の蓄積が究極の課題でもあります。そのような中、全国各地で日々素晴らしい実践が取り組まれていることと思います。当校としても是非、そのような素晴らしい実践を皆様と共有し合いながら全国に発信し、肢体不自由教育の発展に貢献することも大切な役割だと考えております。学校種を問わず全国各地で取り組まれている肢体不自由児を対象にした教育実践を、是非ご紹介ください。ご連絡お待ちしています。

> **当校の連絡先**
> 〒173-0037　東京都板橋区小茂根 2 − 1 − 12（本校）
> 　　　Mail：www@kiri-s.tsukuba.ac.jp
> 　　　ホームページ：http://www.kiri-s.tsukuba.ac.jp/xps/

　当校のホームページには、さらに詳しい研究の情報や案内を掲載しておりますので、是非一度ご覧下さい。また、特別支援教育の情報に興味をお持ちの方は、下記のホームページからも情報が入手可能ですので、一度ご覧下さい。

　文部科学省：http://www.mext.go.jp/
　国立大学法人筑波大学特別支援教育研究センター：
　　　　　　　　　　　　　　　http://www.human.tsukuba.ac.jp/sserc/
　独立行政法人国立特別支援教育総合研究所：http://www.nise.go.jp/

（**北川貴章**）

英 語

概 要　英語における「見えにくさ・とらえにくさ」

　英語を含めて言語は、「聞く」「話す」「読む」「書く」の4領域に分類されます。この4つの領域は、言語獲得のプロセスとして「聞く・話す」から「読む・書く」へつながる順序性があると言われていますが、実際の指導場面においても、「聞く・話す」力が不十分であれば「読む・書く」力に相当の影響を及ぼすことがあります。

　「聞いて理解する」ことは、音として聞き取り、音声上の特徴を手がかりにして、その言葉の意味を弁別していく音韻認知のプロセスであり、一つ一つの音を聞き分ける聴知覚の問題と関連します。この力が弱い場合、短いセンテンスでゆっくりと話しかけ、返答のための時間を十分に取ることが有効です。

　次に「理解して話す」ことは、伝えようとする意味内容を対応する「語」に変換していく作業であり、上述の「聞いて理解する」こととともに、読み書き能力と関連する重要な音声言語機能です。教室における会話場面では、Yes / No で答えやすい形の発問や、シンプルな選択肢を用意しておくことが理解して話すことに有効です。

　ここまでの「聞く・話す」を中心とする言語活動に十分時間をかけてから「読む・書く」の領域に移行していくことが重要です。

　この「読む・書く」に関しては、肢体不自由のある生徒の多くが抱える視覚的な情報処理の困難と関連が深いため、個々の実態を注意深く見守りながら進めていく必要があります。特に、文字指導においては、アルファベットは26文字しかないため、日本語に比べると取りかかりやすさはありますが、形のまとまりや違いをとらえ、記憶するのが困難な生徒には、「b」と「d」、「h」と「n」などの混同がよく見られます。しかし、「見えにくさ・とらえにくさ」に課題があるとはいえ、要点を簡潔に整理し、絵、図、文字などを上手に工夫して説明するなどすれば、視覚的手がかりを情報処理の補助手段として活用することも有効になります。「読むこと」の援助として、行間、単語間にスペースを広めに設けて示したり、文字と音を対応させて発音する練習をさせたりすることが重要となります。肢体不自由のある生徒にとって「書くこと」は大きな負担であることが多いので、板書のノートテイクの負担を減らすためのプリントの活用や、書字スペースの確保など、場合によってはＩＴ機器の導入も含めて、個々の実態やニーズに応じた書きやすい環境作り、支援方法を検討することが必要となります。

　　　　　　　　　　　　　　　　　　　　　　　　　　　　　　（清水　聡）

英 語

Q1「アルファベットを正確にとらえさせる工夫はありますか」

キーワード
アルファベット・書字・読む

主な学習内容・場面：読むこと・書くことの言語活動全般
実　　　態：スペルを間違って読んだり、書いたりしてしまう
実態の背景：形の似たアルファベットの違いに気づくことが難しい

A：「各アルファベットの違いに注目させる指導を工夫します」

　アルファベットを指導する際は、いかに生徒にアルファベットの違いに気づかせるかがポイントです。これは「見えにくさ・とらえにくさ」に困難のある生徒の指導において重要です。

　アルファベットの導入段階では、一つ一つのアルファベットの特徴に目を向けさせます（例えば、mなら山が2つ、nなら山が1つなど）。また、類似したアルファベットが出てきたら、その都度、他との違いに注意を払わせます（hならnよりも縦棒が長いなど）。それでも困難を示す生徒の場合には、実際に粘土などでアルファベットの形を作る体験を通して、その文字の特徴に注意を向けさせる指導も有効だと考えられます。

　似たアルファベットの特徴に注意を向けた学習を経たら、聞いたアルファベットを書いたり、既習の単語を書かせてみたりします。そうすることにより生徒が似たアルファベットを正しく区別できているか確認することができます。

　また、アルファベットを書く練習では、何度も繰り返し書く指導を続けると間違いをそのまま覚えてしまう可能性も出てきます。こまめに生徒が記したものを確認し、似たアルファベットの違いについて意識しながら練習するよう促すとよいでしょう。

・形の特徴に注目させる指導例

　　h　n　（縦棒の長さに注目）
　　m　n　（山の数に注目）
　　b　d　（〇の位置に注目）

（鈴木　卓）

英　語

Q2「単語のスペルを覚えることが難しい生徒への工夫はありますか」

キーワード
語・読む・書く

主な学習内容・場面：文字・語・読むこと・書くことの言語活動全般
実　　　態：単語のスペルを覚えられない
実態の背景：単語全体のスペルからアルファベット一文字ずつを視覚的に抽出してとらえることが難しい

A：「スペルをアルファベットの音に置き換えて覚えると記憶しやすいことがあります」

　視覚的な情報を処理することが苦手な生徒は、単語のスペル全体からアルファベット一文字ずつを視覚的に抽出しとらえることが難しいため、初見の英文を上手に音読したりノートテイクを素早く行ったりすることが困難です。このような生徒の中には、視覚的な情報処理の困難を、聴覚をより積極的に活用することで補う術を経験上身につけている子もいます。そこで、スペルを構成するアルファベットを順に音声化してスペルを暗記する方法が有効な場合があります。例えば、Wednesdayであれば、「ダブリューイーディーエヌイーエスディーエーワイ」とリズムをつけて覚えるといった具合です。ただし、このような生徒は前述のように視覚的な情報処理が困難な場合もあるので、この工夫で書くことができるようになったとしても、かたまりとして語を読むことが苦手であると感じることもあります。

　なお、板書やプリント等、授業で生徒に提示する文字については、少しでも読みやすいよう、フォントをCentury（例えば「a」）ではなく、「a」のように手書きと同じ形で表せるComic Sans MSにして見やすい大きさで示す、語間のスペースを通常よりも広くあけるなどの手だてがあるとよいと思います。

（例）

Tuesday

ティー　ユー　イー　エス　ディー　エー　ワイ

⇒　これを音声化してCD英単語帳として生徒に渡し、活用することも有効です。

（玉木理恵）

英語

Q3 「英文を音読させる際の工夫はありますか」

キーワード
行飛ばし・読む・音読・文中から見つける・図と地

主な学習内容・場面：読むことの言語活動全般
実　　　態：読むべき個所が見つけられない・行を飛ばして読んでしまう
実態の背景：多くの情報の中で注目すべき個所を注視することや追視することが難しい

A：「実物投影機、拡大教科書、プロジェクター、ICレコーダーなどを利用してはどうでしょう」

　英語の授業においては、言語習得の観点から音読が大きな割合をしめますが、見えにくさ・とらえにくさのある生徒にとっては文章を追うことが難しく、音読が苦手というケースも少なくありません。

　このような生徒には、より行間の大きい拡大教科書を使ったり、教科書を実物投影機で拡大したりするなどの工夫が有効です。特に実物投影機は、生徒の視線をスクリーンに向けさせたまま音読しているところを教員の指で示すことができるので、生徒はそれを手がかりに音読に集中しやすくなります。また、教員がスラッシュを入れながら一緒に読むことも生徒の音読の手助けとなります。

　プレゼンテーション用のソフトとプロジェクターを活用することも有効です。スライドに教科書の文章をセンテンスごとに入力し、生徒に一度に提示する情報量を絞ります。スライドショーに沿って音読させると効果的です。また、アニメーション機能を活用して、一文ずつではなく意味のまとまりごとに分けて、スライド上に順に提示するのも効果的です。PCを使う生徒の家庭学習用の教材としても有効となります。

　さらに、ICレコーダー（MPEG4型式で録音できるものが便利）などを使って教員の声を録音したものを、家庭での音読練習の補助教材として利用する工夫もあります。その際は市販されている教科書準拠のCDよりもゆっくり読み、抑揚やアクセント、区切り方をわかりやすくするとよいでしょう。　（三浦義也）

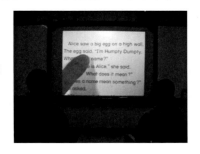

英　語

Q4 「英文をノートテイクさせる際の工夫はありますか」

キーワード
書く・書写の習慣・ノート

主な学習内容・場面：書くことの言語活動全般（板書事項の書写等）
実　　　　態：英文をノートに書くとき語と語の間のスペースをあけることができない・語と語がつながってしまう・黒板の字をとらえにくい、読み取りにくい
実態の背景：見えにくさ、とらえにくさから文字や語の間の距離をイメージしづらい

A：「板書の際は、文字の部分と語間のスペースを示すアンダーバーを色分けして示すと効果的です。また、スペースを通常より広くとったプリントをノートの代わりに使用したり、英文を書かせるプリントを作成する際は、単語の部分にあらかじめアンダーラインを引いておくのもよいでしょう」

　小学校で習ってきた国語と英語の大きな違いが、語と語の間に開けるスペースです。中学1年生には、板書したものを書写させる際に語と語をつなげて書いてしまう生徒がいます。特に見えにくさ、とらえにくさを感じている生徒の場合、これが顕著になることがあります。このような生徒にノートテイクを行わせる際は、生徒が書く内容を厳選すること、そして文字と異なる色で語間のスペースを示すことで生徒がそのスペースに気づきやすくする工夫が必要です。

　また、生徒自身に英文を書かせる場合は、書かせる単語の数だけアンダーラインを引いておき、アンダーライン間のスペースも通常より大きくあけたプリントを用意します。英文用の1行に4本の線が入ったノートを用いる場合も同様の工夫が効果的です。

> Alice_saw_a_big_egg_on_a_high_wall.
> ⇒文字の部分とスペースを示すアンダーバーの部分を色分けして板書すると効果的です。
>
> アリスは、高い塀の上に大きな卵を見ました。
>
> ＿＿＿＿　＿＿＿　＿　＿＿＿　＿＿＿　＿＿　＿　＿＿＿＿　＿＿＿＿．
> ⇒プリントに英文を書かせる際は単語の部分にあらかじめアンダーラインを引いておきます。

（三浦義也）

英語

Q5「主語と動詞を文の中から見つけさせる工夫はありますか」

キーワード
文中から見つける・文章構造理解

主な学習内容・場面：読むことの言語活動全般
実　　　態：複雑な英文の意味をあいまいにとらえてしまう
実態の背景：情報量が多いため、主語と動詞を抜き出すことができない

A：「まず動詞を見つけ、その後、主語と動詞を色分けします」

　初期の学習段階では、英文自体が短く「誰が何をした」という単純な構造が多いですが、学習が進むにつれ無生物で長い主語で始まる文が多くなるため、主語と動詞を抜き出すことが難しくなってきます。

　そこで、英語の語順が「主語＋動詞」ということを理解している生徒には、まず動詞を探させ、それ以前の語句から主語を推測させます。もし同じ文に述部としての動詞以外の動詞が複数入っている場合は、一つ一つの動詞を実際の述部の動詞として仮定し意味の通るものになるか確かめさせることで、述部の動詞が確定します。

　主語と動詞が抜き出せたら、教師が主語と動詞を見やすくするためにそれぞれ異なる色で囲むことで、生徒に視覚的に意味のかたまりとして示すことができ、見えにくさ、とらえにくさのある生徒の構造理解の助けになります。

　なお、色分けをする際には、たとえば、赤で囲った語（句）が主語、黄色で囲った語（句）が動詞など、授業の中で色分けのルールを決めておくことが大切です。

```
        主語（例：赤で囲う）
    ┌─────────────────────┐
    │ The most important thing │
    └─────────────────────┘
          動詞（例：黄色で囲う）
              ┌────┐
              │ is │
              └────┘
    your effort that you made toward your dream.
    ※　まず動詞 is を見つけ、そこから主語を推測させる
    ※　その後、色分けをして主語と動詞を認識させる
```

（鈴木　卓）

英語

Q6 「並べ替え問題（整序問題）が苦手な生徒への工夫はありますか」

キーワード
語・読む・書く

主な学習内容・場面：語・読むこと・書くことの言語活動全般
実　　　態：並べ替え問題で、正しい語順に並び替えられない
実態の背景：並び替える単語を一度に数多く提示されると、どんな手順で取り組んだらよいか混乱してしまう

A：「日本語が示されていない場合の並べ替え問題に取り組む手順を簡潔に示します」

簡潔に、①手がかりとなる語を探す、②S（主語）とV（動詞）の部分を決める③英語の語順に並べる、の3つの手順を示します。

①では、文の種類（肯定文、否定文、疑問文）を決めるために疑問詞やクエスチョンマーク、not等の手がかりとなる語を見つけます。下の並び替え問題では、文の種類としてDidで始まる疑問文であることに気づけます。また、意味の固まりとなる語句があれば、ここで抜き出しておきます。下の問題では、at homeがそれにあたります。

②では、できあがる英文の意味を推測し、どのような構文（熟語等）を使うか、文の構成を考えます。Did の後に来るべき名詞がheなのかEnglishなのか選択します。主語に該当する名詞を選び、主語に対応する動詞を確定します。Did English study ～では意味が通らない不自然な文となることに気づき、Did he study ～のSV部分を特定して「～しましたか？」の文になるであろうことを確認します。

> 問：次の英語を並べ替えなさい。
>
> (home / yesterday / English / did / study / he / at)?
>
> (解答) Did he study English at home yesterday?

①、②を手がかりに③では、語を並べていきます。このとき、英語の語順「誰が、～する、何を、どこで、いつ」になっているか確認していくことが大切です。

（清水　聡）

英　語

Q7「効果的に辞書を使うにはどうしたらいいですか」

キーワード
上肢操作の困難・手指動作・電子辞書

主な学習内容・場面：語、読むこと、書くことの言語活動全般
実　　　態：単語を見つけ出すまでに時間がかかる
実態の背景：運動障害に起因する手指の不器用さがある

A：「電子辞書と一般の辞書を目的に応じて使い分けます」

　最近の電子辞書はカラーディスプレイや音声付きだけでなく、一部の携帯電話にもこの機能がついているものも出ており、携帯性や機能面で大変充実してきています。上肢操作に困難を示す生徒にとっては、一般の辞書のようにページをめくる必要もなく、指一本で操作することも可能で非常に有効です。しかし、電子辞書には、発音記号や例文、語法の説明等が省かれているものもあるといったデメリットもあります。

　一方、一般の辞書は、上述のように語法等詳細な情報に触れることができます。中には、語源等も詳しく掲載された辞書も出ており、「ことば」に対する興味・関心を促進する機会となることが期待できます。しかし、辞書の薄い紙を指でうまくめくることが困難であるため、非常に時間がかかり、限られた授業時間内で使いこなすことはかなり厳しいと言わざるを得ません。

　このように、電子辞書と一般の辞書には、それぞれのメリットとデメリットがあるため、個々の生徒の状態と使用場面を考慮した使い分けを検討する必要があります。

　授業内での活用場面としては、長文読解の指導時に未習語を電子辞書でざっと調べ、その中から重要な構文を作る語や語彙力増強の手がかりとなる単語だけを取り上げ、一般の辞書でじっくり調べさせる方法があります。その際、時間配分に注意することが必要です。

　また、授業など限られた時間内では電子辞書で大まかな意味だけをとらえさせて、宿題として動詞の使い方を一般の辞書でじっくり調べさせる方法もあります。

　なお、一般の辞書を使用する際は、滑り止めクリームの利用や手指の準備運動などをさせておくと有効です。

（清水　聡）

上肢操作・その他

概　要　上肢操作の困難、その他の困難への指導の工夫や配慮

　ここでは上肢操作の困難を中心に、配慮や指導の工夫を紹介します。上肢操作の困難が学習場面において大きく影響するのは、何かを描いたり、実験・実習などの上肢を使った具体物の操作を伴う場面です。また、上肢操作に困難があるために経験が不足し、興味・関心の幅が狭い、時間の意識が弱い、実感ができないなども学習場面では影響を及ぼします。

　以下の表に、上肢操作の困難に対する指導の工夫及び配慮の例を示します。これは、本校における教科指導において、実際に認められた子どもたちの学習の困難状況で、それらへの指導方法や工夫を簡単にまとめたものです。

　肢体不自由のある子どもに対する教科指導においては、障害特性が学習に及ぼす影響を把握し、それに対する指導の工夫を図ることが必要です。したがって、上肢の障害をはじめとした障害に対する指導の工夫や配慮を行う場合は、適切な実態把握に基づく指導目標と内容の設定を事前に検討しておくことが重要となります。

障　害	学習場面での影響	指導の工夫及び配慮
上肢の障害	書字の困難	・滑り止めマットや文鎮の使用（教材・ノートの固定） ・パソコンやトーキングエイド等代替機器の活用
	手指を使った作業の困難 ・道具の使用 ・楽器の演奏 ・パソコンの操作 ・球技，器械運動 ・実験器具の操作 ・制作活動 ・見学や調べ学習	・不随意的な動きに対応した作業スペースの確保 ・作業、活動の位置の工夫 ・児童生徒に適した素材や題材の利用 ・作業方法の工夫や手順の単純化 ・道具の改良、補助具の使用 ・児童生徒の実態に適した内容の精選 ・個別のルールや課題の設定 ・表現手段、方法の工夫
	・時間がかかる	・授業計画段階での目標の重点化、作業時間の確保 ・直接「書く」ことが重要ではない場面においては言語などでの表出による教員の代筆、またはパソコンの使用
体幹保持困難	・疲れやすく集中できない ・注視や追視が困難 ・活動がしにくい	・児童生徒の実態に適した授業時間の配分の工夫 ・姿勢保持の訓練や椅子・机など体に合ったものの使用 ・学習環境の改善（自立活動・ＯＴ／ＰＴとの連携）
経験不足	・興味や関心の幅が狭い ・時間に対する意識が希薄 ・受身であることが多い ・自信がない	・経験不足を補うような具体物操作や経験の機会を多く設定 ・具体的、直接的な活動を導入した授業計画の立案 ・段階を踏まえた、繰り返し学習可能な計画の立案 ・模型などの具体的なモデルの提示

（岡部盛篤）

上肢操作・その他

Q1 「漢字の学習で、何度も書いておぼえることが難しいのですが、家庭でも練習できるよい方法はありますか」

キーワード
漢字学習・書字・家庭学習

主な学習内容・場面：国語（漢字学習）
実　　態：自分で書くことができない・漢字がおぼえられない・自力での家庭学習が難しい
実態の背景：上肢操作の困難・一人での家庭学習の難しさ
他教科で活用できる場面：かけ算九九の暗記・英単語の学習

A：「まずは一緒に書いて、動きを伴っておぼえることが大切です。自分で書くことが困難な場合、パソコンを活用して、読み方や述語をカード方式でおぼえる方法は、家庭でできる方法としてお勧めです」

まずは一緒に書いてみましょう。教員やお家の人と一緒に書いて、筆順等、手の動きを伴っておぼえるようにしましょう。漢字のできた由来や部首名、つくり等を説明し、本人が興味を持てるようにしましょう。繰り返しの練習の方法としては、カードを作ったり、パソコンを活用したりする方法があります。

ここでは、例としてパワーポイントを活用した方法を紹介します。まず「秋」という漢字が表示され、次にクリックしていくと漢字の両側に訓読み、音読み等が表示される仕組みです。さらに、必要に応じて部首と部首名、述語等が表示されるように工夫することもできます。パソコンのクリックさえできれば、家庭学習にも最適で、保護者の方からは「一人で勉強してくれて助かります。」という声も寄せていただいています。

この方法を用いると、かけ算九九や英語の単語などカード式で暗記する学習に応用できます。また、型版を利用して、漢字の溝をなぞって学習していく方法もあります。

（村主光子）

上肢操作・その他

Q2 「上肢操作の困難のため手が上手に使えず、具体物の操作が難しいです。『1対1で対応させる』『具体物を数える』など、操作をともなう学習を進めるためには、どんな方法がありますか」

キーワード
具体物の操作・疑似体験・パソコン

主な学習内容・場面：算数「数と計算」「図形」「量と測定」
実　　　　態：具体物を操作できない
実態の背景：上肢操作の困難
他教科で活用できる場面：集団指導や家庭学習

A：「パソコン上で実際に操作をしながら、数を数えたり、1対1で対応させたり、長さを比べたりするなどの疑似体験を通して、学習を進めます」

　ここでは、パソコンソフトを活用した教材を紹介します。一人では具体物を操作することが難しい子どもにとって、いつも教員や家の人と一緒に操作するだけではなく、パソコン画面上でのシミュレーションであっても、一人で問題を解くことができます。
　下の写真「数えてみよう①」は、飴玉をクリック・ドロップで皿の上に移動させながら数えます。「数えてみよう②」は、星をクリックすると斜線が引かれチェックしながら数えることができます。「かさじぞう」は、1対1対応の学習に使用します。「長さ比べ」では、鉛筆をドラッグアンドドロップで端をそろえることを学習することができます。
　その他に「5のまとまり」の学習で、並べた積み木をドラッグアンドドロップで5つの枡に入れていくもの、表にシールを貼るものや棒グラフを描くものなどにも応用できます。マウスのクリック（あるいは入力補助機器を活用して同様の操作）ができれば、集団指導や家庭学習にも最適です。

写真左上：「数えてみよう①」
写真右上：「数えてみよう②」
写真左下：「かさじぞう」
写真右下：「長さ比べ」

　パソコンの活用と、具体的な操作の実体験のバランスを考えながら、指導を工夫していくことが大切です。

（向山勝郎）

上肢操作・その他

Q3 「上肢操作の困難や手指の操作性の困難のために、図形やグラフをうまく描けません。どうしたらいいでしょうか」

キーワード
作図・図形・グラフ・パソコン・描く

主な学習内容・場面：中学校数学「三平方の定理の応用－2点間の距離を求める－」（図形）「関数y=ax2」（数量関係）
実　　　態：図形やグラフが描けない
実態の背景：上肢操作の困難
他教科で活用できる場面：理科などグラフで表す内容全般

A：「アプリケーションソフト－Function View－を活用すると、マウスかジョイスティックが使えれば、鉛筆で文字を書いたり定規を使ったりできなくても、グラフを描くことや座標（点）をとることができます」

　こうした描く、書くといった表現・処理の面で課題があるにしても、実際に表現・処理し、表現・処理したものを使いながら、他の目標について達成させていかなければならない場合があります。また、他の人に表現・処理してもらうよりも、何らかの手だてを使ってでも自分で表現・処理できたという結果が、自己の満足感や達成感につながっていきます。この達成感や満足感は、その後の学習への自発的・意欲的な取り組みを考える上で極めて大切なものです。そこで、授業の目標や内容によっては、手だてを講じて授業を組み立てていく必要があります。

　たとえば、三平方の定理の応用では、座標平面上にプロットした2点を結び、直角三角形を描くまでの作業で活用することができます。その後は描いた直角三角形を見ながら、既知の2辺の長さからもう一つの辺の長さを三平方の定理を使い、計算を行って求めます。また、関数y=ax2では、座標平面上にxとyの値の組をプロットしたり、関数の式を入力したりしながら、その関数のグラフを描くこともできます。

※下記のサイトからダウンロードして入手することができます（教育用フリーウェアです）。

http://hp.vector.co.jp/authors/VA017172/（作者：和田啓助）

（類瀬健二）

上肢操作・その他

Q4 「数学の分数や2乗、√ 等を書くことができない場合、パソコン等で代替することはできますか」

キーワード
分数・記号の書字・パソコン

主な学習内容・場面：分数や2乗、√等を書く場面。
実　　　態：数学の分数や2乗、√ 等を書くことができない。
実態の背景：上肢操作の困難・視覚的な情報処理の困難

A：「マウスが使えれば、いくつかソフトがあります」

1．MS-word
　wordには簡単な数式が入力できるような機能がついています。
2．MathType
　マウスで記号のボタンを押すことで数式を入力することができます。wordの数式入力機能の多機能版です。
3．InftyEditor
　マウスで記号のボタンを押すことで数式を入力することができますし、フリーウェアです。

◇材料・入手方法・作成方法等
　それぞれのキーワードをweb検索で調べてください。

 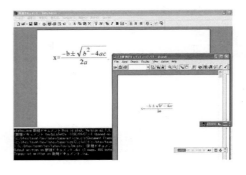

（類瀬健二）

上肢操作・その他

Q5 「図形等の授業で、『線を引くことができない』『片手しか使えない』『定規が使えない』 場合にどうしたらよいですか」

キーワード
図形・作図・パソコン

主な学習内容・場面：図形学習全般
実　　　態：線をうまく引けない・定規が使えない
実態の背景：上肢操作の困難
他教科で活用できる場面：算数・数学・理科・図工美術等の図形や線を書く場面

A：「マウスが使えれば、いくつかソフトがあります」

1．かたちをつくろう

　ある程度マウス（または同等な機能）を使うことさえできれば、点の位置が多少交点からずれていても、自動修正を行ってくれます。

2．FunctionView

　マウスなどが使えれば、鉛筆で文字を書いたり、定規を使ったりすることができなくても、グラフを描くことや座標（点）をとることができます。教育用フリーウェアです。

3．Geometric Constructor

　中高生の図形学習のソフトです。マウスの操作で平面図形を作図することができます。インターネットで検索すると、いろいろな指導事例も豊富に掲載されています。

 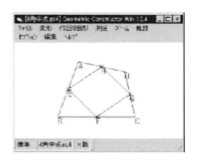

◇ 材料・入手方法・作成方法等

　それぞれのキーワードをweb検索で調べてください。

（類瀬健二）

上肢操作・その他

Q6「絵や地図を描くことが難しい子どもがいます。絵や地図を用いながら表現するにはどうすればよいですか」

キーワード
描く・位置関係・地図・表現

主な学習内容・場面：生活科 単元：「学校探検」「町探検」等
　　　　　　　　　　　学習指導要領：「学校と生活」「地域と生活」
実　　　態：絵や地図を書くことができない・地図の位置関係がつかめない
実態の背景：上肢操作の困難・空間における認知の困難

A：「表現の仕方をいろいろ工夫できると、子どもも楽しく気づいたことを伝えることができるでしょう」

① 探検中に気づいたことをデジタルカメラで撮っておいて、プリントアウトして活用する。

② ティッシュボックスくらいの大きさの箱をいくつか用意し、教室やお店に見立てる。床面に廊下や道を作り、廊下や道の上に子どもを座らせて、教室やお店に見立てた箱を並べながら、発見したことや気づいたことを発表する（**写真1**）。

③ 4センチ四方のさいころを用意し、教室やお店に見立てる。机上の紙面に廊下や道を描き、教室やお店に見立てさいころを並べて、発見したことや気づいたことを発表する（**写真2・3・4・5**）。

④ 各教室の特徴やそこにいた人と話したこと等を教員と一緒に体験し、一緒に箱地図等を並べるようにする。

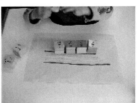
写真2

写真3

写真1

写真4

写真5

（村主光子）

上肢操作・その他

Q7 「理科の実験で水を使いますが、水をくむことができません。何かいい方法はないでしょうか」

キーワード
実験・器具の操作

主な学習内容・場面：理科（小・中・高）の水を使用する実験全般
実　　　　態：理科の実験で器具が扱えない・水がくめない
実態の背景：上肢操作の困難

A：「ポンプ式のウォーターサーバーは手で軽く押すだけで水が出るので、大変便利に使えます」

　理科の実験では、水を頻繁に使用しますが、理科室や教室内で蛇口のある場所へ移動したり、蛇口をひねったり、また、水の入った容器を持ち上げることは困難です。

　子どもは、水を大変な好奇心をもって扱います。できる限り、自分の手で水を扱わせたいものです。ポンプ式のウォーターサーバーは、手で軽く押すだけで水が出るので、アテトーゼがあったり、上肢の力の弱い子どもでも、水を出して容器に移すことができ、大変便利に使えます。

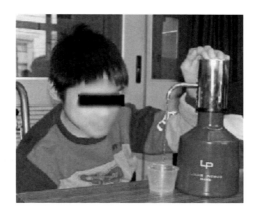

（原　義人）

上肢操作・その他

Q8 「理科の実験や観察では温度計をよく使用しますが、なにぶんガラス製で細いため、落としたり力を加えたりすると割れやすいので、上肢障害がある子どもには、危険で取り扱いにくい器具となっています。取り扱いやすくするための工夫はありませんか」

キーワード
実験・器具の操作

主な学習内容・場面：理科（小・中・高）の実験全般
実　　　態：実験道具（温度計）が壊れそうで扱えない
実態の背景：上肢操作の困難

A：「透明プラスチックの管に温度計を封入すると、子どもが安心して使えます」

棒温度計はガラス製のため、衝撃に弱く破損が激しい製品です。子どもが取り扱う場合には、特に破損したガラスによるケガにも注意しなければなりません。ところが本保護装置は透明プラスチックの管に温度計を封入しているため、子どもが安心して使えます。ただし、各プラスチックには耐熱温度に限界があるため、実験の用途によってはプラスチックを使い分ける必要があります。

◇ 材料・入手方法・作成方法等

透明プラスチック管に温度計を封入する（アクリル、ポリスチレン、ポリプロピレン等）。温度計の球根上部にゴム管を輪切りにしたものをはめ、管内に固定する。プラスチック管の上端近くに穴を二つ開け、糸を通してつり下げることができるようにする。下端近くに穴をいくつか開けて熱の流通を良くする。

透明プラスチック管	耐熱温度
アクリル	70℃
ポリスチレン	80℃
ポリプロピレン	120℃

（原　義人）

上肢操作・その他

Q9 「上肢や言語の障害があり、調べたことを表現することに困難がある場合の手だてや工夫はありますか」

キーワード
調べ学習・表現

主な学習内容場面：小学校社会科全般
実　　　　態：調べたことを表現することが難しい
実態の背景：上肢操作の困難・言語の障害

A：「社会科では、多様な方法や手段で効果的に表現することが重要です」

　社会科では、各種の資料を効果的に活用し、調べたことを表現する能力が求められています。しかし、「小学校学習指導要領解説　社会編（平成11年5月文部省）」に、「児童が観察や調査・見学、体験などの具体的な活動に基づいて、多様な表現活動を展開できるようにすることが大切である。ここでは、観察や調査・見学、体験などによって分かったことや考えたことなどを、絵や図、劇や動作化、新聞や写真、ビデオやコンピュータなど多様な方法や手段で表現する活動を工夫するようにする。」とあるように、一口に表現といっても、多様な方法を用いることが認められています。つまり社会科では、表やグラフを正確に書くというよりも、調べた結果をより効果的に表すために、どの資料をどのように活かしていくかが問われているのです。

　上肢に障害があれば写真やビデオ、PCなど、それぞれの障害の程度に応じて、簡単に操作できる機器を使うなどして工夫して表現することもできます。また、自分の思いを他の人に伝えて代筆してもらうことも可能かと思います（しかしこの場合はどこまで手伝うのかをよく確認しておく必要があります）。言語に障害がある場合は、劇などで表すよりも、絵や図、新聞などで表現する方が適しているかもしれません。個々の子どもの障害に応じた表現方法を用意するとともに、子ども自身が自分に適した方法で効果的に表現できるようになることが大事です。

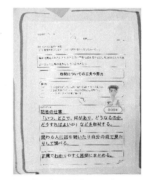

写真の「記者の仕事」と書かれてあるところから下半分は、全て子どもが自分で入力したものです。また、ワークシートに貼られている絵の資料も、子どもが自分で選んだものです。

（石田周子）

上肢操作・その他

Q10 「はさみを使ってものを切る場面において、自分の思うように切れない場合はどのような配慮をすればいいのでしょうか」

キーワード
道具の使用・はさみ

主な学習内容・場面：表したいことに合わせて、身近な材料や扱いやすい用具を手を働かせて使い、絵や立体に表したり、つくりたいものをつくったりする単元
実　　　態：はさみで切るべき個所がわからなくなる・制作を行う際、上肢が安定しない
実態の背景：手指の操作性・上肢操作の困難・姿勢保持の困難
他教科で活用できる場面：書字やＰＣの活用等・座位による動作を伴う場面

A：「道具の工夫や切る位置への目印、環境（配置等）を整えましょう」

　手指の操作性に問題がある場合、子どもの実態に応じた補助具を用意することが大切です。活動における安定した姿勢等の保持を考えながら、できるだけ自分でできるような活動を用意することが必要になると思います。姿勢の安定は、上肢の安定した動きにつながります。安定した姿勢を確保し、上肢の可動域をチェックすることで用具等の配置が決められてきます。子どもの実態をしっかりとつかみながら活動に取り組むようにすることが大切です。また、子どもにあった補助具等の活用が大切です。手指の操作性を配慮しながら、活用します。

　はさみで切る場合、視覚的に子どもに切るポイントがわかりやすいように目印等をつけます。紙やはさみの位置等の配置に配慮することが大切です（**写真**）。

（鹿間孝一）

上肢操作・その他

Q11「上肢に障害のある子どもが、木を切るためのよい手だては何かありますか」

キーワード
道具の使用・のこぎり

主な学習内容・場面：中学校技術（木材加工「技術とものづくり」）
実　　　態：力が弱く、ノコギリが持てない・刃物を持つと周囲の人に危険がある
実態の背景：上肢操作の困難・力の弱さ

A：「マイターソーをつかってみましょう」

　上肢の力が弱い子どもでも、ガイドに沿って刃を動かすため、手持ちののこぎりに比べ余計な力をかけることなく、木を切削することができます。また、緊張のある子どもでも、刃が木の切削方向にしか動かないため、周囲の教員や子どもも安全です。

1．クランプ等でしっかりと机に固定して使用してください。
2．次に材料をマイターソーのテーブルにのせクランプ等で固定します。
3．子どもが使いやすい高さ、位置を設定します。

◇　材料・入手方法・作成方法等

　教材カタログに載っています。また、ホームセンターでも販売しています（3,000～10,000円程度）。脚部に板を取りつけると、机に固定しやすくなります。

（大川原恒）

上肢操作・その他

Q12 「金づちで釘を打つためのよい手だてはありますか」

キーワード
道具の使用・金づち

主な学習内容・場面：中学校技術（木材加工「ものづくりと技術」）
実　　　態：金づちが握れない
実態の背景：上肢操作の困難・手指がかたい

A：「横方向にグリップを取り付けてみましょう」

　手指がかたく、人差し指と中指の間に挟んで握るため、金づちをうまく扱うことができないなどの困難に対しては、横方向にグリップを取り付け、指の間に挟んでも使えるようにしましょう。これを取り付けることによって、金づちが持ちやすくなり、操作性も向上します。

◇　材料・入手方法・作成方法等
　適当な破材で結構です。横棒となる木にボール盤で穴をあけ、取り付けます。微調整はのみを使います。

（大川原恒）

上肢操作・その他

Q13「片手で野菜を切る方法がありますか？普通の包丁とは違った形の包丁はありますか」

キーワード
道具の使用・包丁

主な学習内容・場面：家庭科「食品の選択と日常食の調理の基礎」
　　　　　　　　　　「食生活の課題と調理の応用」
実　　　　態：野菜などが押さえられない・包丁がうまく使えない
実態の背景：上肢操作の困難・片まひ

A：「包丁の使用やまな板の工夫をしてみましょう」

　片まひのため野菜などを押さえられない場合、まな板からでた針に野菜を刺し固定して切ります。

- 緊張が強く、片手で野菜を押さえると自分の手に包丁の刃が当たりそうな子どもにもお勧めです。
- まな板の角にはL字の縁がついていて、野菜の転がりを防いだり、そこに野菜をおいて切ったりもできます。
- 特殊包丁は、緊張が強く包丁を握る際、普通の物だと指が刃に触れてしまいそうな子や手首を伸ばしにくい子どもにお勧めです。

野菜の転がりを防ぐ縁つき！

この包丁を使いこなすには、こんなワンポイントが必要です！
黒い柄の包丁は野菜を切ろうとすると歯が浮いています。（点線を参考に）ですから…
まな板に角度をつけます。

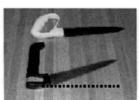

（大石京子）

上肢操作・その他

Q14「まち針を止める代わりや、しつけのかわりになる物はありますか」

キーワード
道具の使用・まち針

主な学習内容・場面：家庭科　題材：「ハーフパンツ」の製作
　　　　　　　　　　　学習指導要領：A(6)簡単な衣服製作
実　　　　態：手縫いやまち針うちができない
実態の背景：上肢操作の困難・手首が自由に動かせない

A：「このような道具（写真1左から、熱接着縫い糸、布用のり、洗濯ばさみ、ホチキス）で代用しています」

　ミシンの操作（スタート・ストップ・返し縫い）はできるけれど、手縫いやまち針うちは手首を自由に動かせないため、できない場合に活用してはどうでしょうか。
　写真2について…すそを折り返して、アイロンをかける時、手で押さえるかわりにまち針をアイロン台に刺して固定できます。

- すそ上げのとき、アイロンをかけながら、間に熱接着の糸を挟みます。糸が溶けて仮止めできます。
- 布用のりもすそ上げ等に使います。ただしキルティングのような厚い布には接着力を発揮しにくいです。

　写真3について…直線部分を縫う際は縫い代を同じ寸法にしておき、布の端と端を合わせて、洗濯ばさみでまち針の代わりができます。

- 洗濯ばさみをつまみにくい子どもの場合には、ホッチキスでガチャンと止めます。少々布が傷みますから、薄地で弱い布には向きません。

写真1

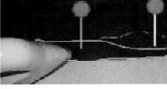
写真2

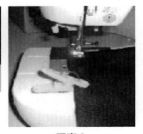
写真3

（大石京子）

上肢操作・その他

Q15 「上肢操作に困難がある子どもにギターを弾かせる工夫はありますか」

キーワード
楽器の演奏・ギター・姿勢の保持

主な学習内容・場面：ギターの演奏
実　　　態：手のまひや姿勢保持ができずギターが弾けない
実態の背景：上肢操作の困難・姿勢保持の困難

A：「調弦を工夫して、その子ども用のパートを作りましょう」

　ギターは中高生の憧れの楽器です。「かっこいい楽器をやってみたい！」という思いと意欲は大切にしたいものです。しかし、手にまひがあったり姿勢を保持することが大変だったりする子どもが、手指の細かい動きを求められるギターを正しく弾くのは至難の業です。そこで、思い切って調弦を変えてしまいましょう。たとえば、**写真**の子どもの弾いているギターは、開放弦でCに調弦してあります。左手で押さえる場所を変化させれば、メジャーコードならどれでも弾けるということになります。また、ベースの4本の弦をその曲の調に合わせて調弦してしまい、4つの音のみを使って演奏すれば片手でもベースを担当することができます。

　このような調整を行う場合には、「課題が生徒の実態に合っているかどうか」という視点が最も重要です。たとえば、生徒によっては、部分的に演奏するパートで十分な場合もありますが、興味・関心とやる気で、思っていた以上の力を発揮する場合もあります。生徒の持っている力を少し高めるような課題（パート）を与えるための調整であるように、注意したいと考えています。

（永杉理恵）

上肢操作・その他

Q16「肢体不自由のある子どもの楽器の指導について教えてください」

キーワード
楽器の指導・楽器の演奏・器楽

主な学習内容・場面：音楽（表現・器楽）
実　　　態：楽器が演奏できない
実態の背景：上肢操作の困難・呼吸コントロールの困難

A：「子どもの実態に合ったパートを作りましょう。子どもの実態に合った楽器を使いましょう」

　上肢等にまひがある場合、他の子どもたちと同じパートを同じように演奏するのは難しく、特にメロディーラインをテンポに合わせて演奏するようなパートでは自信を失うばかりです。子どもの持っている力に合っているパートを考え、その子なりの方法で合奏に参加できるようにする工夫が必要です。音楽表現のための器楽であって、器楽のための器楽にならないよう、表現力が育つ課題を設定することが大切です。
（**写真**は、ワンタッチでコード演奏する機能を用いる場合の工夫例です。マイナーコードを鳴らすには、黒鍵と白鍵を同時に押す必要がありますが、テープで連結すると、一本の指で演奏可能です。）

　楽器の中でも、ハーモニカ、鍵盤ハーモニカ、リコーダーという最もポピュラーな楽器は、実は肢体不自由のある子どもたちにとって、最も苦手な楽器の部類に入ります。なぜなら、脳性まひ等の障害のある子どもは多くの場合、呼吸のコントロールが難しく、上記の楽器はすべてその苦手な

呼吸を用いることで演奏が成り立つものばかりなのです。ハーモニカを演奏するために器楽の授業を行っているのではなく、器楽表現を実現するためにハーモニカを用いていると考えれば、他の楽器で代用することは何ら問題のないことと考えています。その他、例えばカスタネット、トライアングルといった楽器も操作が難しいものの一つです。リズムを扱いたいのならば、もっと鳴らしやすい楽器を用いた方が効果的です。子どもの実態に合った楽器を使いましょう。

（永杉理恵）

上肢操作・その他

Q17「上肢障害等のため、美術に苦手意識を持っています。何か工夫はありますか」

キーワード
空間における認知・苦手意識

主な学習内容・場面：美術・造形
実　　　態：絵や立体に対して苦手意識がある
実態の背景：上肢操作の困難・視覚的な情報処理の困難

A：「美術に苦手意識がある場合、その大半の原因は、『自分は絵が下手だ』『立体が下手だ』等という子どもの思いこみによるものが多いようです」

　当校高等部では美術の授業において、構成で形を考える、捉えるということを行っています。たとえば、彫刻は団子の組み立てであるというところから始めます。団子は粘土を用い、大小様々（10種類くらいを複数）用意しておき（これは授業時間内に作らせることもあります）、その団子の種類（球・円筒・円錐・台どれに近いか）・寸法・位置・方向という造形要素で形を分析させたり、組み立てさせたりします。そうしているうちに子どもはこれまでの輪郭を用いた線的な表現から離れ、塊を用いた量的表現へと移行します。こうなれば、手先の器用さよりも造形的思考力・観察力・構成力・感性等といった力が問われ、表現にも幅が出てきて、中等度くらいまでの上肢障害ならば、その制約を超えたところで、美術本来の造形の力を養うことが可能になってきます。

上肢・視知覚障害（斜視視覚狭窄）を有する生徒の作品

粘土による大小様々の団子　　方向指示棒

　この教材と教授法は、もともと上肢障害を有する子どもの素描領域の教育の代替に考えていたものですが、現在では上肢障害の有無を問わず、絵画・彫刻両方の授業で用いています。また、空間失調を有する子どもの後天的補填を目的とするトレーニングにも用いています。（前芝武史）

上肢操作・その他

Q18 「パソコンやインターネットに興味があるのですが、マウスやキーボードを使うのが苦手です。何か使いやすくする方法はありますか」

キーワード
パソコンの操作

主な学習内容・場面：「情報」（「情報の収集」「情報の伝達」）パソコン利用時全般
実　　　態：マウス操作が苦手
実態の背景：上肢操作の困難

A：「JoyToKeyというフリーのソフトウェアとジョイスティック等のボタンを組み合わせると、キーボードやマウス操作の一部を代替することができます」

　パソコンの操作はマウスを使って行うのが一般的です。しかし、ショートカットキーという機能を使えば、キーボードだけを使って操作できる部分もあります。そして、ほとんどのソフトウェアにはこういった機能が組み込まれています。一例としては、項目の移動、決定、メニュー、保存や切り取り、コピー、貼り付け、終了などです。これらのショートカットキーを使うことで、全体の操作性は随分上がります。しかし、これらのショートカットキーのほとんどは［shift＋○］［alt＋○］等のようにキーを同時に二つ押さなくてはいけません。上肢に緊張がある場合、これらショートカットキーの利用は必ずしも簡単ではありません。また、視覚的な情報処理に困難がある場合には、規則的に並んだキーボードのキーを探す事に時間がかかる場合が多いです。そこで「JoyToKey」というフリーソフトを利用します。このソフトウェアを使うと、市販のジョイスティックやジョイパッドのボタンに、ショートカットキーやマウス操作等を自由に割り振ることができます。

よく使う機能をボタンに割り振ることで、パソコン操作が楽になります。　　（齋藤　豊）

◇ 材料・入手方法・作成方法等

　ジョイスティック、ジョイパッド（ゲーム用に売られています）、必要に応じてシール等。「JoyToKey」Ryo Ohkubo 氏のフリーソフトウェア。次のURLからダウンロードできます。　　http://hp.vector.co.jp/authors/VA016823/

上肢操作・その他

Q19 「パソコンを使っていますが、細かなマウス操作やドラッグが上手くできません。何かよい手だてはありますか」

キーワード
パソコンの操作

主な学習内容・場面：情報（「情報の伝達」等PC利用時全般）
実　　　　態：ドラッグ＆ドロップができない。
実態の背景：上肢操作の困難。

A：「Windowsにあるユーザー補助機能の一つ、マウスキー機能と市販のテンキーを組み合わせて使うと操作を楽に行えることが多いです」

　基本的には、自分にあったポインティングデバイス（マウスやタッチパッド、ジョイスティック、トラックボールなど）とその置き場所（操作場所）を工夫することで多くの場面の困難は回避できます。しかし、ファイルや文字等の選択、コピー等でドラッグ＆ドロップが上手くできない、苦労するというケースはよく見られます。また、エクセルのセル操作や画像の加工場面（拡大・縮小・切り取りなど）ではどうしても細かなマウス操作が必要になってきます。細かなポインティング操作を行えるようになることでできることの幅も広がっていきます。ただし、大切なのは場面に応じて使う機器を使い分けることです。ある程度のマウス操作ができているのであれば、普段の操作ではマウスなどを使って、細かな操作場面やドラッグ＆ドロップを利用する時だけ「マウスキー機能＋テンキー」を使う方が全体の操作性は高いと思います。

◇　材料・入手方法・作成方法等

テンキー（ノートPC用に売られています。Numlock非連動ではない物を探して下さい）、必要に応じてシール等。設定：スタート→（設定）→コントロールパネル→ユーザー補助のオプション→マウス「マウスキー機能を使う」のチェックボックスをチェックし、次のように設定すると使いやすいです。デスク型の場合：Numlockがオフの時に使う／ノート型の場合：Numlockがオンの時に使う。

（齋藤　豊）

上肢操作・その他

Q20 「車いすサッカーをさせたいのですが、ボールがフットレストの下に入り込んでしまいます。何かよい手だてはありますか」

キーワード
車いすサッカー・バンパー

主な学習内容・場面：体育「サッカー」
実　　　態：車いすサッカーでドリブルを行うとボールが下に入り込んでしまう
実態の背景：車いすのフットレストが邪魔になる

A：「バンパー使って、思い切りサッカーをしましょう」

　（電動）車いすの子どもにサッカーのドリブルを行わせると、（電動）車いすのフットレストの下にボールが入り込んでしまうことがよくあります。これを防止するために、タイヤを半分に切って作ったバンパーをフットレストに取り付け、ボールが（電動）車いすの下に入らないようにします。このバンパーは、他の（電動）車いすとの接触した時のクッションにもなります。

　サッカー開始前に、ひもで（電動）車いすのフットレスト、またはその周辺に縛り付け、固定します（**写真**）。

◇　材料・入手方法・作成方法等

　タイヤを半分に切断し、半円の両端の上部にU字型の金具を取り付けます。半円の両端の下部には、50cm前後のひもを取り付けます。

（池田　仁）

上肢操作・その他

Q21 「長距離走（5分間走）の記録を子どもがイメージしやすくする手だてはありますか」

キーワード
長距離走・記録の具体的なイメージ・実感

主な学習内容・場面：体育「長距離走」
実　　　態：移動距離がイメージしにくい
実態の背景：具体物に置き換えないと実感ができない

A：「『今日の記録は、○周とコーン△個』といった具体的な目に見えるものに置き換えましょう」

　長距離走の記録のように「○m」と記録を言っただけでは自分の移動距離がイメージしにくい、イメージできない子どもに、数字ではなく、できるだけ"具体的な、目に見える物"に置き換え、記録がイメージできるようにします。

- バレーボールのコートの周りに4.5m間隔でコーンを置きます（1周54m）。記録は「○周とコーン△個」というかたちで発表し、記録が伸びた時にも「コーン△個記録が伸びた」という言い方をします。教員も記録の換算をする必要がなく、周回数とコーンの数をかぞえればよいことになります。

◇　材料・入手方法・作成方法等
市販のコーンを使用

（池田　仁）

上肢操作・その他

Q22「35人の子がいる学級です。車いすを使っている子が一人いるのですが、どうしても受け身になりがちで、生活の様子の変化や、四季の変化などに、なかなか気付くことができません。どうしたらよいでしょうか」

キーワード
経験・実感・自然等との関わり

主な学習内容・場面：生活科
実　　　態：生活や四季の変化などに気づかない
実態の背景：運動障害による経験不足

A：「小学校低学年くらいまでは、車いすを押す人の速度で周囲の情報を得ることになってしまう子どもたちは、経験が不足していることが多いです。そこで、たとえば以下の①～④のような工夫が考えられます」

① 一年間を通してのテーマ〔例『ふしぎ発見しよう』〕を設定し、その子の関心がある物〔例：記号「？」「！」〕を手がかりにすると、より意欲的に取り組めるようです。子どもたちのどんなに小さな気付きであっても、学校生活の様々な場面でそれを取りあげて全員に紹介したり、カードなどに記入したりして、随時教室に掲示します。

② その子の動きの速さで、自然などにじかにふれて情報を得られるように、車いすから降ろして直接じっくり触れられる姿勢にしたり、ちょっとでも関心を示した様子がみられたりしたら、その場で立ち止まってさらに近づいて見えるようにします。

③ 季節の変化を感じ取りやすいように、校庭にある低木で実がなる植物を、「その子の木」として一年間を通して観察できるようにします。

④ 教員が変化を伝えて触れさせる。→前回と大きく変化した時に、本人が気付くようにその部分に注目させる。→前を通った時に、「どうなっているかな？」などの言葉かけで、意識を向けさせる。→自分で変化を見つけに行くようになります。

＊大切なことは、してもらうこと・受身に慣れている子が、子どもがもともともっているはずの、「自分でしてみたい！」という気持ちを表せるような環境を用意する。そして、順次新しい多くの情報を得られるようにするのではなく、じっくりと自分の動きにあった速さで自然等とかかわる実体験を繰り返し行うことです。そのことにより、自ら変化に気付き、表現していくようになります。

（蛭田史子）

上肢操作・その他

Q23 「小学校社会科では、『観察や調査・見学、体験などの具体的な活動』がより一層重視されていますが、肢体に障害があると行動が制限され、そういった活動になかなか取り組めません。何か工夫はありますか」

キーワード
調べ学習・見学・体験活動

主な学習内容・場面：各単元における具体的な調査・見学、体験活動
実　　　態：観察や調査・見学、体験などの調べ学習が難しい・具体的な経験不足
実態の背景：移動が困難
他教科で活用できる場面：総合的な学習の時間など、具体的な調べ活動が重視される学習

A：「人手の確保、施設等の確認を行えば、たいていの活動は可能になります」

　肢体に障害のある子どもは社会経験が乏しく、社会的事象に対するイメージがもてないことが多いようです。だからこそ、実際の体験活動を増やしていきたいものです。そこで、以下の点を事前に確認し、ぜひ有効な学習を行ってください。
①人手の確保（安全面等を考慮し、できれば1対1で大人が同行できる体制を組む）
・学校内の教員で、空き時間などをうまく利用し、外出できる体制を組む
・教育実習生や介護等体験の学生がいる時期に校外学習の計画を立てる
・ボランティアなどを頼む・保護者に同行をお願いする
※調べ学習を大人が行わないよう、手伝ってもらう範囲を入念に打ち合わせておく
※学生さんなどにお願いする場合は、事故のないよう事前の指導を十分に行う
②車いすでも見学可能な範囲やコース、休める部屋や身障者用のトイレの有無などの確認
　最近は様々な人に対応した施設も増えているためたいていは快く応じてくれるが、導線の確認など事前に訪問先の担当者と十分に打ち合わせしておくとよい
③移動方法の検討
　それぞれの学校や地域の実態、子どもの障害の状態・発達段階に応じて見学先や、移動方法、体制を考えます。あとは、我々教員が子どもの力を伸ばすために、どこまで地域社会の中で積極的に動き、努力・工夫をするかが問われるのかもしれません。

（石田周子）

上肢操作・その他

Q24 「上肢に障害があると1時間内で作業できる量に限度があり、年間で取り組める学習内容が少なくなってしまいます。どうしたらよいでしょうか」

キーワード
社会・年間指導計画・個別の指導計画

主な学習内容・場面：社会科・年間指導計画

A：「まずは、社会科の目標を押さえましょう」

　まず、小学校学習指導要領（平成10年12月）及び小学校学習指導要領解説社会編（平成11年5月文部省）に書かれている社会科の目標を押さえることが大事です。また、解説社会編の中の「第4章　指導計画の作成と内容の取扱い」には、「限られた時間数の中で指導内容が過多にならないように、学習の対象や事例を選択して取り上げるようにすることにより、具体的にかつ時間をかけじっくり学習できるようにする」ために、「対象や事例を選択する際には、地域の実態や児童の興味・関心等に応じて、厳選して取り上げるようにすること。」とされ、対象や事例についての選択の仕方についても、具体的に明記されています。

　それらを踏まえて年間の計画を組む必要があり、その際には、「地域の実態や児童の興味・関心等に応じて」対象や事例を取り上げることが重要ですので、日頃から「個別の指導計画」等で、目の前の子どもの生活経験や興味・関心などをよく把握しておくことが重要となってくるでしょう。

　また、具体的な体験活動も重視されていることから、見学可能な対象や事例、時期等を踏まえながら計画を立てることも重要です。社会科の時間数の中だけでは外出に限界があるので、学校行事などとうまく関連させながら、学校として年間計画を組んでいく工夫もできるかと思います。例えば当校の小学部では、3年生から6年生までの各学年とも、校外学習として主に社会科に関連する施設を見学するなどしています。また、5・6年生の移動教室においても、社会科の内容に関する場所をできるだけコースに取り入れています。

上肢操作・その他

平成　　年　　　小学部　　第5学年　年間指導計画

学期	一学期			二学期				三学期		
月	4	5	6	7	9	10	11	12	1	2	3
学校・学部行事		遠足	水泳指導	移動教室／夏季休業	運動会	工場見学	学習発表会／NHK見学／入試	冬季休業	音楽鑑賞会		学年末休業／卒業式／終業式
社会	私たちの国土と環境／①各地のくらしと気候	わたしたちの生活と食糧生産／①米づくりのさかんな地域	②水産業のさかんな地域	③これからの食糧生産	わたしたちの生活と工業生産／②工業地域と工業生産／③工業生産をささえる貿易と運輸	①自動車をつくる工業	わたしたちの生活と情報／①情報を伝える人々	②情報社会とわたしたちのくらし	わたしたちの国土と環境／②わたしたちのくらしと環境	③わたしたちの国土	→

　いずれにせよ、子どもの生活経験や興味・関心、これまでに身に付いている力などを的確に把握するとともに、社会科の目標が達成できるように、バランスよく内容を厳選し、年間の計画を組んでいくことが必要かと思われます。

●当校の校外学習における主な見学先
第3学年…田畑、郷土資料館
第4学年…消防署、警察署
第5学年…自動車関連企業、放送局

●当校の移動教室における主な見学先
○　ダム・河口
○　漁港
○　火力発電所、各種工場、工業地域

（石田周子）

肢体不自由（児・者）	肢体とは、四肢（上肢・下肢）と体幹のことです。また不自由とは、骨、関節、筋肉、および神経などの器質的ないし機能的な障害のために、正常な支持・運動機能が恒久的に妨げられる状態を指します。肢体不自由（児・者）とは、その2つの語句を合わせ、上下肢・体幹に何らかの永続的な運動機能障害があり、そのため日常生活に不自由をきたしている者を指します。手足の不自由さに注目されがちですが、その他にも視覚障害、言語障害、知的障害等を併せ有する場合も多くあります。また肢体不自由児の学習を考える時に、心身に障害のない子どもが発達の中で遊びや社会経験を通じ獲得・形成される力があるのに対し、不自由があるために遊びや社会経験が不足し、感覚や認知面等の発達に影響を及ぼしていることもあります。
視覚から入った情報を処理して理解すること	視力に問題がなくても、認知能力が発達していない場合、見たものを理解すること（視覚認知）が困難となります。また、視覚認知は運動機能の発達と相互に関係して発達していきます。
上　　肢	上肢指先から肩関節までの部分を指します。ちなみに、下肢とは、足指先から股関節までの部分を指します。
体　　幹	脊柱を中軸とした上半身及び頸部を含めた支柱部分を指します。但し、内臓は除きます。
正 中 線	身体の前面・背面の中央を、頭頂から縦にまっすぐ通る線のことです。
図 と 地	我々の身の回りには、無数の物が存在しています。しかし私たちは、日常当たり前のように見たい物を見ています。それは、自分が見たい対象物に焦点を移しているからです。自分が見たいもの（必要な視覚的な情報）の中で、形・意味を持って浮かびあがって見える部分を「図」と言います。それとは対照的に不必要な視覚的な情報で意味を持たず、背景的に知覚される部分を「地」と言います。

脳性まひ (Cerebral Palsy：CP)	受胎から新生児（生後4週間以内）までの発達途上の脳に、何らかの原因により非進行性の病変が生じたためにおきる何らかの永続的な運動障害です。しかし進行性疾患や一過性の運動障害（例えば骨折で1ヶ月歩けない等）は除きます。特別支援学校に在籍する肢体不自由児の大半は、この脳性まひです。
目と手の協応動作	視覚的な手がかりに基づいて、手の運動を適切に調整する能力のことです。
注　　視	目で対象物を捉える眼球運動です。
追　　視	目で物を追う眼球運動です。
視覚優位	情報を取り入れて処理する際、視覚を活用する度合いが高いことを意味します。
聴覚優位	情報を取り入れて処理する際、聴覚を活用する度合いが高いことを意味します。
同時処理	情報を概観可能な全体に統合し、全体から関係性を抽出する情報処理様式の一つです。いくつかの情報を視覚的な手がかりで空間的に統合し、全体的に処理します。
継次処理	情報を連続的かつ逐次的に分析し、処理する情報処理様式の一つです。順序性を重視し、時間的聴覚的な手がかりで分析的に処理します。
OT (Occupational Therapist)	作業療法士。障害のある者、またそれが予想される者に対し、医師の指示の下に、主として主体的に生活するよう、その応用的動作能力又は社会的適応能力の回復を図るため、主に作業活動を行う医療専門家です。
PT (Physical Therapist)	理学療法士。身体に障害のあるものに対し、医師の指示の下に、測定・評価を行い、基本動作能力の回復、疾病と障害の予防、機能的発達の促進、ＡＤＬの向上等、障害者の生活の質の向上を目指し、治療体操その他の運動を施します。また電気刺激、マッサージ、温熱その他の物理的手段を加えて行う総合的なリハビリテーションを行います。

ST (Speech-Language-Hearing Theraist)	言語聴覚士。音声機能、言語機能、摂食・嚥下機能、又は聴覚に障害のある者に対し、医師又は歯科医師の指示の下に、測定・評価を行いその機能の維持向上を図る訓練を行います。
構音障害	特定の語音を習慣的に誤って発音している場合を構音障害といいます。原因は、①器質性②機能性③運動障害性の３タイプに分けられます。また誤りのタイプとしては、①省略②置換③歪み④添加の４タイプに分けられます。
準ずる教育課程	法令上「準ずる」とは、「同じ」という意味です。特別支援学校の義務教育段階の場合、小学校・中学校の目的及び教育目標を達成する教育課程の編成が求められ、「小学校・中学校の教育課程に準ずる（同じ）」ということになります。ただし特別支援学校の場合、自立活動という領域の指導が必要であり、教育課程がまったく同じではないことに留意する必要があります。
言語障害	何らかの要因により言語の適切な理解・表出部分に困難を示す障害です。タイプとしては、①言語発達遅滞②構音障害③口蓋裂に伴う構音障害④吃音⑤声の障害の５タイプに分けられます。
Ｋ－ＡＢＣ	カウフマンが作成した発達検査です。継時処理と同時処理の２つの認知処理尺度と知識・技術の習得度尺度により、子どもの発達を測定します。適用年齢は２歳６ヶ月から12歳11ヶ月となっています。
空間における認知	空間と自己の位置関係や、空間におけるものとものの位置関係など空間に対する認知です。
ボディー・イメージ	自分の心の中に描く自分の身体像で、身体の前後、左右、上下、遠近、大きさ、ラテラリティ（利き手など）等についての知覚です。平衡感覚と運動感覚に基づいて発達し、位置や空間の知覚と深く関係していきます。

フロスティッグ視知覚発達検査	フロスティッグにより作成された、子どもの視知覚の発達のおくれやつまずきを見つける検査です。①視覚と運動の協応　②図形と素地③形の恒常性④空間における位置⑤空間関係の５つの視知覚技能を検査します。適用年齢は、４歳から７歳11ヶ月となっています。
発達障害	これまで、LD、ADHD、高機能自閉症等の障害の総称を「軽度発達障害」という用語を用いていましたが、文部科学省は、平成19年３月に通達を出し、意味する範囲が必ずしも明確ではないこと、他省庁との連携のしやすさ等の理由から、原則「発達障害」という用語を用いることにしています。用語の示す障害の範囲は、発達障害者支援法の定義によるものとされています。

(北川貴章)

参考資料　心理検査の活用について

(1) 支援内容の蓄積に心理検査の活用を図ることについて

　日々の実態を把握する機会が少ない子どもに対する支援内容をその場で検討することが求められる小・中学校支援において、心理検査の結果を一つの客観的データとしながら、通常学級の先生方に、障害に起因する学習上の困難に気づくきっかけや、手だて、配慮に関する具体的な情報を提供したいと考えた今回の取り組みについて、通常学級の先生や、支援活動に携わる先生方からはこんな声が聞かれます。

　「通常学級の教育においては『できること』を前提とするため、スモールステップや繰り返しで『できるまで』丁寧に指導が重ねられがちだが、『なぜできないのか？』になかなか目が向けられない。」、「WISC-Ⅲ等の心理検査そのものの実施が難しい場合でも、その要素を念頭に置いて教科指導の場面で子どもの実態を捉えることは可能であり、重要である。」

　同じ肢体不自由のある子どもでも、サポートを必要としている状況や内容は一様ではありません。しかし、観察や理解のポイントをおさえることで、少しでも多くの先生方に指導の工夫のコツをつかんでいただき、一人でも多くの肢体不自由のある子どもたちが学びやすくなることを願っています。

(2) 今回の取り組みで主に活用したWISC-Ⅲについて

① WISC-Ⅲとは

　WISCはウェクスラー式知能検査のうち、児童生徒用（5歳～16歳11ヶ月）のものです。WISC-ⅢはそのWISCが改訂された第3版のものを指します。WISC-Ⅲは知能を全体的知能指数（FIQ）だけでなく、言語性の知能指数（VIQ）、動作性の知能指数（PIQ）、そしてその他に、言語理解（VC：言語的な情報や、自分自身が持つ言語的な知識を状況に合わせて応用できる能力）、知覚統合（PO：視覚的な情報を取り込み、各部分を相互に関連づけ全体として意味あるものへまとめ上げる能力）、注意記憶（FD：注意を持続させて聴覚的情報を正確に取り込み、記憶する能力）、処理速度（PS：視覚的な情報を、事務的に数多く、正確に処理していく能力）という4つの群指数やそれぞれの下位検査項目を用い、個人内差という観点から、知能構造を分析していく検査方法です。同年齢全体の水準と比較してどうかという「個人差」だけでなく、その個人の中での発達の様相やバランス具合（得意不得意）を見る「個人内差」を判定できるということで、心理や教育の分野に限らず、医療の分野においても用いられる、優れた心理検査とされています。

② 肢体不自由のある子どもに対するWISC-Ⅲ

　WISC-Ⅲは一般的に用いられている優れた心理検査ではあるものの、基本的には障害者を対象に標準化された心理検査ではありません。肢体不自由のある子どもたちの場合、字や記号を書くこと、検査器具を操作することに多くの時間がかかります。したがって、手の操作（動作）的な困難が常に存在し、WISC-Ⅲによる数値的な結果だけを見て、その子どもの知能水準を判断することは大変危険と言えます。他方、標準化された検査である以上、その子どもの障害にあわせて検査方法を変更してしまうこともできません。

　しかし、もともと心理検査の結果には、テストである以上、様々な要因が存在します。したがって、結果の解釈はテスト実施時の様子や日頃の様子などの観察結果を加味して行うことになっています。肢体不自由のある子どもの場合も同様に、これらの観察結果が重要となり、そういった解釈をふまえた上で個人差、そして個人内差を判断していくのであれば、非常に有効な検査となります。

表1　肢体不自由に関連すると思われる時間的要因

下位項目	時間制限	時間配点※	操作的困難	考慮の必要性
絵画完成	有	無	無	動作性検査全体との比較
知　識	無	無	無	無
符　号	有	無(関連多)	多(書写)	記号探しとの比較
類　似	無	無	無	無
絵画配列	有	有	中(移動のみ)	失敗原因のチェック
算　数	有	一部	無	
積木模様	有	有	多(回転操作含)	失敗原因のチェック
単　語	無	無	無	無
組合せ	有	有	多(回転操作含)	失敗原因のチェック
理　解	無	無	無	無
記号探し	有	無(関連多)	少	符号との比較
数　唱	無	無	無	無
迷　路	有	無	多(巧緻性)	失敗原因のチェック

※時間配点のある項目は評価点がさらに下がり易いことを考慮する必要がある

③ 脳性まひ児に対するWISC-Ⅲ検査結果の解釈における留意点

　表1に挙げたようにWISC-Ⅲ検査には多くの時間的制約があります。特に動作性IQにかかわる検査（絵画完成、符号、絵画配列、積木模様、組み合わせ、記号探し、迷路）にはすべて時間制限があります。したがって、検査対象者に肢体不自由がある

場合、これらの検査項目の評価点が下がることを考慮に入れて、その評価を解釈しなくてはなりません。

　検査実施時には単に解答の正否だけを見るのではなく、解答できなかった場合に、それが時間的要素（手の操作に対する困難）に起因するものなのか、その他に原因があるのかを注意深く観察する必要があるのです。つまり、もう少し時間があったら解けた、もしくは、解けそうだったかという点が重要になってきます。評価点の低さが時間的な制限に起因する場合とそれだけではない場合とでは、その子どもの個人内差の解釈が異なってくるのです。

④ 脳性まひ児の「見えにくさ・とらえにくさ」について

　脳性まひの子どもの中には、上肢や姿勢の保持（体幹等）に関する困難だけでなく、視覚認知に何かしらの困難を抱えている場合があります。画数の多い漢字がうまく書けなかったり、斜めの線や立体図、空間の把握（方向）が苦手だったりする子どもがその一例です。ここで注意すべき点は、困難の様子が似ていても、その原因は必ずしも一様ではないということです。視力や斜視の問題であることもありますし、体幹の不安定さや四肢の不随意運動や眼振による問題、そして、中枢神経系の認知処理の問題などが考えられ、さらにそれらが組み合わさっている場合もあります。

　このような「見えにくさ・とらえにくさ」を抱える子どもの検査結果には、積木模様や組み合わせ、記号探しなどの評価点が、その他の動作性検査よりも、さらに落ち込んでいる場合が多く見られます。しかし、繰り返しになりますが、数値結果だけでなく、検査時の様子や日常生活での観察から、慎重な解釈を行い、その原因を仮定していくことが重要となります。WISC-Ⅲの解釈は専門家と一緒に行うべきものと思いますが、肢体不自由のある子どもにかかわる場合には注意点としておさえておくとよいと思います。

（齋藤　豊）

【参考文献】
1）藤田和弘 他、WISC-Ⅲアセスメント事例集－理論と実際－、日本文化科学社、2005
2）上野一彦 他、軽度発達障害の心理アセスメント　WISC-Ⅲの上手な利用と事例、日本文化科学社、2005

国語（13p〜23p）

1 文字の形をとらえて書くことが苦手な子に、どのような手だてがありますか

2 漢字の形をとらえて書くことが苦手な子に、どのような手だてがありますか

3 漢字の形をとらえるのが苦手な子どもの学習上の工夫を教えて下さい

4 文章を読んでいるときに、行を飛ばしたり、読んでいる場所がわからなくなる子どもにどのような手だてがありますか

5 音読の時に行飛ばしはもちろん、行の途中でどこを読んでいるのかわからなくなる子どもにどのような手だてがありますか

6 読むべき個所・読んでいる個所がわからなくなる子どもに手がかりを示す工夫はありますか

7 音読はできるが、内容理解ができない子どもに対する工夫や手だてはありますか

8 作文で、書きたいことはあるのに上手に字が書けず、また、作文の途中で何を書いていたかわからなくなったりして、作文が苦手だと思っています。何か工夫はありますか

9 設問の指示や意味がわからない子どもに対する工夫や手だてはありますか

10 ノートを上手に使えない子どもが上手に書写する工夫はありますか

11 授業中のノートの取り方に工夫はありますか

社会（25p〜29p）

1 見学したことをその場ですぐ理解したり、記憶したりすることが苦手な子どもには、どのような手だてが有効ですか

2 視覚情報をもとに考えたり、場所の位置関係を整理したりすることを苦手とする子どもにお店調べを行わせる場合、どのような手だてが有効ですか

3 地図の読み取りが苦手な子どもには、どのような手だてが有効となりますか

4 統計資料の読み取りが苦手な子どもには、どのような手だてが有効となりますか

5 世界各地の時刻や時差をわかりやすく教える工夫はありますか

算数・数学（30p〜44p）

1 見えにくさがあり、1対1対応で数を数えていくことが難しいのですが、数え方の工夫はありますか

2 10進法がなかなか理解されず、位取りがわからない子にどのような指導をしていけばよいのですか

3 筆算の方法は理解できていますが、実際に筆算をすると位がずれてしまう子への対応を教えてください

4 ノートに筆算問題を写すとき、書き始めや配置が上手にいきません。白い紙だと筆算の位取りが、ずれてしまいます。何か工夫はありますか

5 長さの指導で、子どもがなかなか実際の長さを実感できません。どう指導したらよいでしょうか

6 目盛りの位置は見えていても、数直線やものさしの目盛りが読めません。1目盛りがいくつか尋ねてもピンとこないようです。何か工夫はありますか

7 角度（30℃、45℃、60℃など）の大きさがとらえられない子どもがいます。どのように指導したらよいでしょうか

8 角度を測ることが苦手な子どもへの対応を教えてください。

9 定規のミリメートルの目盛りを正しく数えられません。どうしたら正確に数えられるでしょうか

10 定規を使って斜線を引くことが難しいのですが、どのような工夫がありますか

11 三角形の形が正しく描けず、丸くなったり、四角くなってしまう子どもがいます。どのような指導が有効でしょうか

12 二次関数の曲線を描くことができないのですが、何かよい方法はないでしょうか

13 座標の点をとる際、1つ目の座標は見つけられますが、2つ目以降の点をとることができない子どもへの工夫を教えてください

14 直線のグラフの傾きを読み取ることが苦手な子どもに、どのような工夫がありますか

理科(46p～53p)
1 顕微鏡での観察が難しい子どもに対する工夫はありますか

2 目には見えない化学反応の仕組みをイメージさせる工夫はありますか

3 光の反射、屈折等の図の把握、作図等が困難な子どもに対する工夫や手だてはありますか

4 表の数値等を読み取るのが苦手な子どもへの工夫はありますか

5 立体図の把握が苦手な子どもに方向を考えさせる工夫はありますか

6 計測機器を読み取ることが難しい子どもへの工夫にはどのようなものがありますか

7 実験などの手順をわかりやすくする工夫はありますか

保健体育(54p～58p)
1 整列する際に、上手に並べない子どもへの対応を教えてください

2 バレーボール等において、オーバーハンドパスかアンダーハンドパスかの判断・見極めが難しい子どもへの指導法を教えてください

3 徒競走・リレーなどの時、コース内を走行することが難しい子どもへの指導法を教えてください

4 体操やダンスの動きがぎこちなく、また手本通りに運動を行うことができない子どもには、どのような指導が有効ですか

音楽(60p～63p)
1 キーボードを弾くときに一音ずつ鍵盤を探して弾く子や、高いド、低いドの区別がつかない子どもへの手だてを教えてください

2 リコーダーの指使いや、リコーダー運指図の見方がわからない子どもがいます。何か工夫はありますか

3 高さや角度など、見えやすい位置に配慮して楽譜を置くようにしていますが、すぐに目をそらしてしまい、あまり見ようとしません

図工・美術(64p～67p)
1 デザインの学習時、イラストレーションやレタリングなどを枠からはみ出して描いてしまいますが、どうしたらいいですか

2 土粘土に装飾したり、積み重ねたりして形を作っている途中で、自分で追究したい形が分からなくなるのですが、どうしたらいいですか

3 水彩絵の具で描くとき、色を混ぜて使わず、そのままの色だけを使っていますが、どのように指導したらよいでしょうか

技術・家庭(68p～76p)
1 差し金を使用した罫書き（定規で長さを測って線を引く）が困難な生徒に対する工夫を教えて下さい

2 木などの立体物を罫書き線に沿ってのこぎりで加工する工夫を教えてください。

3 包丁で野菜を切るとき幅や大きさを意識して切るにはどうしたらよいでしょうか

4 温度の確認が必要な場合に温度計の細かな目盛りが読みとれません。どうしたら良いでしょうか

5 印通りにミシンをかけるにはどうしたらよいのでしょうか

6 ミシンを扱う時に何を見ていいかわからず、慌ててしまう場合はどうしたらよいでしょうか

7 波縫いに必要な印を布に正しく印をつけることが難しいのですが、どうすればよいか教えてください

8 波縫いの時、針を表から裏に刺した後に裏から表へ刺さず、再度表から裏へ刺してしまうことがよくあります。どうすれば正しく縫い進めることができるか教えてください

英語(78p～79p)
1 アルファベットを正確にとらえさせる工夫はありますか

2 単語のスペルを覚えることが難しい生徒への工夫はありますか

3 英文を音読させる際の工夫はありますか

4 英文をノートテイクさせる際の工夫はありま

か

5 主語と動詞を文の中から見つけさせる工夫はありますか

6 並べ替え問題（整序問題）が苦手な生徒への工夫はありますか

7 効果的に辞書を使うにはどうしたらいいですか

上肢操作・その他（86p～111p）

1 漢字の学習で、何度も書いて覚えることが難しいのですが、家庭でも練習できるよい方法はありますか

2 上肢操作の困難のため手が上手に使えず、具体物の操作が難しいです。「1対1で対応させる」「具体物を数える」など、操作をともなう学習を進めるためには、どんな方法がありますか

3 上肢操作の困難や手指の操作性の困難のために、図形やグラフをうまく描けません。どうしたらいいでしょうか

4 数学の分数や2乗，√等を書くことができない場合、パソコン等で代替することはできますか

5 図形等の授業で，「線を引くことができない」「片手しか使えない」場合はどうしたらよいですか

6 絵や地図を描くことが難しい子どもがいます。絵や地図を用いながら表現するにはどうすればよいですか

7 理科の実験で水を使いますが、水をくむことができません。何かいい方法はないでしょうか

8 理科の実験や観察では温度計をよく使用しますが、なにぶんガラス製で細いため、落としたり力を加えたりすると割れやすいので、上肢障害がある子どもには、危険で取り扱いにくい器具となっています。取り扱いやすくするための工夫はありませんか

9 上肢や言語に障害があり、調べたことを表現することに困難がある場合の手だてや工夫はありますか

10 はさみを使ってものを切る場面において、自分の思うように切れない場合はどのような配慮をすればいいのですか

11 上肢に障害のある子どもが、木を切るためのよ

い手だては何かありますか

12 金づちで釘を打つためのよい手だてはありますか

13 片手で野菜を切る方法はありますか？普通の包丁とはちがった形の包丁はありますか

14 まち針を止めるかわりや，しつけのかわりになる物はありますか

15 上肢操作に困難がある子どもにギターを弾かせる工夫はありますか

16 肢体不自由のある子どもの楽器の指導について教えてください

17 上肢障害等のため、美術に苦手意識を持っています。何か工夫はありますか

18 パソコンやインターネットに興味があるのですが、マウスやキーボードを使うのが苦手です。何か使いやすくする方法はありますか

19 パソコンを使っていますが、細かなマウス操作やドラッグが上手くできません。何かよい手だてはありますか

20 車いすサッカーをさせたいのですが、ボールがフットレストの下に入り込んでしまいます。何かよい手だてはありますか

21 長距離走（5分間走）の記録を子どもがイメージしやすくする手だてはありますか

22 35人の子がいる学級です。車いすを使っている子が一人いるのですが、どうしても受け身になりがちで、生活の様子の変化や、四季の変化などに、なかなか気づくことができません。どうしたらよいでしょうか

23 小学校社会科では、「観察や調査・見学、体験などの具体的な活動」がより一層重視されますが、肢体に障害があると行動が制限され、そういった活動になかなか取り組めません。何か工夫はありますか

24 上肢に障害があると1時間内で作業できる量に限度があり、年間で取り組める学習内容が少なくなってしまいます。どうしたらよいでしょうか

索引 キーワード

(数字は掲載ページです)

イメージ（ボディイメージを含む）
└ 48,54,58,107,用語集(114)

描く
└ 40,41,42,89,92

音読
└ 16,17,81

書く
└ 19,80,82

角度
└ 37,38

楽器の演奏
└ 61,62,63,101,102

行飛ばし
└ 16,17,81

関数
└ 42

記憶
└ 25

基準
└ 51,55,57

協応
└ 58

空書
└ 15

空間における認知（位置関係）
├ 13,14,22,26,27,39.44,51,55,
└ 56,57,61,66,71,92,103

グラフ
└ 42,43,44,89

車いすサッカー
└ 106

経験
└ 58,67,108

見学
└ 25,109

言語化
└ 13,26

言語の障害
└ 95,用語集(114)

位取り
└ 32,33,34

個別の指導計画
└ 59,110

作文
└ 20

視覚的な情報処理（視知覚・視覚認知）
└ 用語集(112)

治具
└ 70

書字
└ 13,14,87,90

実感
└ 35,107,108

実験
└ 53,93,94

姿勢の保持
└ 16,17,101

上肢操作の困難
└ 20,86〜111

書写の習慣
  └ 22,82
調べ学習
  └ 26,95,109
自立活動
  └ 59
心理検査（WISC-Ⅲ、K-ABC）
  └ 用語(114),参考資料(116～118)
数概念
  └ 31,32
数直線
  └ 36
図形
  └ 89,91
図と地
  └ 18,27,38,52,65,73,74,81,用語集(112)
整列
  └ 55
設問理解
  └ 21
注視や追視
  └ 16,17,27,28,50,63,74,用語集(113)
調理
  └ 71,72
道具の使用
  └ 70,71,96,97,98,99,100
同時処理（継次処理）
  └ 53,用語集（113）
内容理解
  └ 19

年間指導計画
  └ 110
ノート
  └ 22,23,34,82
パソコン
  └ 88,89,90,91,104,105
パス
  └ 56
筆算
  └ 33,34
表現
  └ 92,95
文中から見つける
  └ 18,19,21,83
補助具
  └ 69,70,75
方向
  └ 44,51
見通し
  └ 65,67
ミシン
  └ 73,74
メモ
  └ 20,25
目盛りを読む
  └ 36,38,39,69,72,75,76
読み取り
  └ 27,28,29,50,52,63
読む
  └ 18,19,21,80,81,84

執筆協力者一覧

安藤　隆男
吉沢　祥子
青山　正人
池田　紀宏
石川　安子
石毛　周
石田　薫
一木　和美
井上　健
内川　京子
大石　原恒
大川　恵
大塚　喜代美
大野　多美子
岡　　盛篤
岡部　武
笠原　隆芳
加藤　裕美子
加藤　幸恵
金子　文子
河野　貴章
北川　淳
北嶋　宏則
城戸　理恵
木村　裕徳
粂　　由里子
黒鳥　千津子
小池　益人
越田　美砂子
越田　豊
齋藤　茂
坂本　春代
佐々木　孝二
佐藤　眞寛
佐藤　達也
里見　健太郎
佐野

澤田　実
明石　司一
澤志鹿　聡夫
田垣　孝
間水　利洋
垣石　寛
明石　仁
白新　卓
杉林　幸子
鈴木　美恵
砂谷　裕理
玉川　由希穂
田木　秋誠
田上　丸尚
戸谷　永恵子
永江　智欣
中杉　理保
西村　敬太子
橋垣　昌人
花本　勇子
花岡村　裕史
原　　義明
蛭田　芝武泉
前浦　孝豊
松田　原
松本　美穂子
松本　みよ子
松浦　義勝
三山　友良子
向上　主光
村村　溝　利江子
類瀬　健二
若木　由香子
和田　恰
関塚　奈保美

特別支援教育における肢体不自由教育の創造と展開1
肢体不自由のある子どもの教科指導Q&A
～「見えにくさ・とらえにくさ」をふまえた確かな実践～
＜オンデマンド版＞

平成31年4月25日　初版第3刷発行

■著　者　　筑波大学附属桐が丘特別支援学校
〒173-0003　東京都板橋区小茂根2－1－12
　　　　　　TEL：03-3958-0181　FAX：03-3958-3901
　　　　　　Mail：www@kiri-s.tsukuba.ac.jp
　　　　　　URL：http://www.kiri-s.tsukuba.ac.jp/xps/

■発行者　　加　藤　勝　博
■発行所　　株式会社　ジアース教育新社
〒101-0054　東京都千代田区神田錦町1－23　宗保第2ビル
　　　　　　TEL：03-5282-7183　FAX：03-5282-7892

○定価はカバーに表示してあります
○乱丁・落丁はお取り替えいたします（禁無断転載）
　ISBN978-4-86371-381-9